科学技術の進歩と人権

IT革命・ゲノム革命・人口変動をふまえて

北口 末広
kitaguchi suehiro

解放出版社

はじめに

科学技術の進歩にともなって、人権問題はより高度で複雑で重大な問題になっているように、政治や経済をはじめ社会にも劇的な影響を与えている。

本書発行直前の二〇一九年六月下旬、新聞各紙でソーシャルネットワーキング・サービス（SNS）最大手の米フェイスブック（FB）が独自の仮想通貨（暗号資産）「リブラ」の発行計画を打ち出したことが報道されていた。FBのユーザーは約二七億人といわれており、世界人口の約三分の一が利用している。先進国だけを対象にすれば利用率はさらに高まる。これらもIT革命の進化がなければ実現できないことである。

FBは「リブラ」発行の意義を「世界の多くの人が基礎的金融サービスすら受けられず、年二五〇億ドル（約二兆七〇〇〇億円）もの費用が送金のため失われている。これが我々が取り組む挑戦だ」と述べている。こうした動きは既存金融機関に多大な影響を及ぼすだけではない。

本書でも取り上げているように、個人のお金の動きを把握できれば、ターゲット広告やマイクロターゲット広告をより精緻なものにでき、それはFBや本取り組みに参加する企業等に多くのメリットをもたらす。

それだけではない。世界の三分の一の経済圏を握るということは世界経済に甚大な影響を及ぼすことができるということでもある。各種選挙でも有権者の三分の一の支持を受ければ、事実上過半数の議席を獲得できる可能性が高くなる。おそらくこの計画が実現されれば、今、私たちが考えている以上に経済以外の多くの分野にも予想を上回る大きな影響を与えるだろう。

本書では、IT革命やゲノム革命の現実を紹介しつつ、それらが社会や人権問題に与える影響をより具体的に分析してきた。さらに人口変動の視点を重ねることによって、劇的に変化する社会とこれからの課題について論じてきた。

具体的には、その序章で「脳科学の進化と新たな人権課題」について分析し、最先端科学の進歩に影響を与える脳科学の進化について紹介し、差別意識や偏見にも関連することを解説した。

第一章では、人工生殖の進歩とゲノム革命がもたらす人権課題について論じ、人工生殖の諸問題を人権の視点で分析した。具体的には、凍結受精卵で数百年後の妊娠や、凍結受精卵を

「人」と見なすか否か等について解説した。また遺伝子解明がもたらす新たな人権課題についても分析し、複数の遺伝子が関与している病について紹介した。加えて結婚と遺伝子検査結果について論じ、遺伝子解明が差別につながる可能性について解説した。また遺伝子検査結果が結婚判断に与える影響等について論じ、遺伝子差別をなくすために何が必要かを紹介した。

さらにDNA検査と生命保険加入について分析し、「長生き遺伝子」の発見等を紹介して、生命保険加入時の遺伝子検査が将来実施されるようなことがあった場合の問題点等について論じた。また遺伝子検査が変える予防医療について紹介し、将来リスクの判明が効果的な予防措置につながるという積極面とリスクがわかることによる問題点を分析した。これらの進化によって、個人の違いを認めて進められる個別化医療について紹介した。

第二章では、情報技術の進歩とAIが与える影響を仮想現実やAIロボット、兵器ロボット等の事例を挙げて分析した。

第三章では、IT革命・ゲノム革命と経済・戦争・雇用・差別について執筆し、テロや戦争の様相を変えるAIと宣戦布告もないサイバー戦争について論じるとともに、戦争に圧倒的な影響を与えるAIと、サイバー戦争がすでに行われていることを記した。また経済・雇用・差別問題等にも圧倒的な影響を及ぼすAIについて論じ、一〇〇万分の一秒から一〇〇〇分の一秒のスピードで為替取引等がＡＩを使って行われている現実も紹介した。さらに差別問題にも計り知れない影響を与え、ＡＩに多くの仕事が奪われる現実を紹介した。

　第四章では、ＡＩ及びゲノム革命と医療・教育・政治・社会の変化について具体的な事例を挙げて紹介し、患者の治療方針を示すＡＩ「ワトソン」やＡＩ「医師」と人間医師が共同で治療に当たる現実が迫っていることを紹介した。またＡＩが教育の姿を大きく変え、人々の意識や知識を限りなく増大させることを記した。一方で大量の個人情報流失問題が発生していることも紹介した。さらに政治・選挙に影響を与える電子空間とＡＩについて詳述し、その中で国家によるサイバー世論操作が横行していることやアメリカ大統領選挙に与えた影響についても分析した。その他にも差別意識、偏見にも大きな影響を与える構造上の問題についても執筆し、センサーの爆発的増加とＡＩの進化によってビジネスも大きく変化することを述べた。

　一方で劇的なスピードで進化するゲノム革命が人権に与える多大な影響について論じた。遺伝情報を編集する技術の飛躍的発展が、人間をも改変してしまう可能性についても論究した。そして「クリスパー・キャス９《ナイン》」の技術、遺伝子ドライブ技術の進化、バイオプリンティングの技術についても紹介した。

　第五章では、ビッグデータ時代の積極面と消極面について論じ、ビッグデータの飛躍的な活用や人権・情報クライシスに結びつく現実、ビジネスとビッグデータについて解説した。また医療に貢献する遺伝子ビッグデータや選挙を勝利に導く個人情報のビッグデータが現実にどのように利用されているかを分析し、個人情報保護や人権確立にむけての社会システムの構築が焦眉の課題であることを解説した。さらに個人データが資本の源泉になっている現実をターゲット広告等の事例で紹介した。そうした動きに対抗する形でEUが、画期的な一般データ保護規則（GDPR）を施行したことを紹介し、その内容についても解説した。

第六章では、人口変動及びＡＩと新たな社会的課題について論じた。人口変動の現実とそれが社会に与えている多大で多面的な影響について解説した。経済政策や人権・福祉立国についても論究し、ＡＩと人間が共存する社会の重要性について解説した。

本書が読者の方々にとって、ＩＴ革命・ゲノム革命・人口変動にともなう社会の劇的な変化とこれからの社会の課題を把握する一助になれば幸いである。

科学技術の進歩と人権――IT革命・ゲノム革命・人口変動をふまえて◉もくじ

序章　脳科学の進化と新たな人権課題

◎脳科学は人工知能研究の礎

ＡＩ（人工知能）やゲノム解析の進化と密接に関連しているのが、人間の脳を解明しようとする脳科学の進化である。脳科学の進化は今日の人工知能研究の礎といえる。脳科学の進化なくして今日の人工知能はあり得なかった。人工知能研究は人口変動とも密接に関わっている。今日の少子高齢化にともなって、日本の全人口に占める六五歳以上人口はすでに二七％を超え、女性だけで見るとすでに三〇％を超えている。こうした状況が認知症高齢者を飛躍的に増加させている。脳科学の進展はこれらの認知症等の予防や悪化をくい止めるために大きく貢献していくといえる。

また脳科学とＩＴ革命の進化は、これまでの学習方法や学習内容を大きく変える可能性をもっている。さらに人間の感情や意識がどのように形成されているのかも解明されようとしている。それは差別意識や偏見が脳内でいかにして作られているのかも明らかにすることにつながる。それだけではない。さらなる脳科学の進展は人工知能をさらに進化させ、社会に根本的な影響を与える可能性も高い。

◎最先端科学の進歩に影響を与える脳科学

人間の脳はいまだ自身の脳を十分に理解しているとはいいがたいが、その解明のスピードは加速度的に早まっている。人間の感情や意識がどのように形成され、保存されているのかを明らかにすることができれば、人工知能はさらに高い次元に進化していく。

私たちの記憶が神経細胞（ニューロン）とその回路によって形成されていることが明らかになっているが、明らかになっているのはまだ一部にすぎない。

この十数年あまりの脳科学の進化は、あらゆる分野に多大な影響を与えてきた。脳の構造や働きを解明することに日米欧をはじめとする多くの国々は多額の財政を投入している。なぜなら最先端科学の進歩に根本的な影響を与えるからである。その意味で「脳科学を制する国が産業や世界に圧倒的な影響を与える」といえる。

人の身体を解明する科学であるゲノム（遺伝子）解析と脳科学は、社会のあらゆる分野にさまざまな影響を与えようとしている。また脳科学の進化によって、ゲノム革命やＩＴ革命が進み、人工知能もさらなる進化を遂げていく。

◎認知・思考・判断などに関わる脳は？

その脳の構造を具体的に紹介していこう。少し専門的になることをお許しいただきたい。脳には大脳皮質・大脳・小脳・脳幹・視床・視床下部・延髄などがあり、それぞれの役割や機能も徐々に明らかになってきている。大脳皮質の中の大脳新皮質は、認知・思考・判断など高度な知的活動を支えている。これらの知的活動は、各自の考え方や思想性とも密接に関連し、差別意識や人権感覚にも大きな影響を与えていると考えられる。海馬や扁桃体などで構成されている大脳辺縁系といわれる部分では、本能・情動・意欲などに関わっており、これらも差別意識や偏見と結びついていると考えられる。例えば恐怖記憶を担う扁桃体も偏見に関わっている可能性は高い。

そして今、最も注目されている海馬は、過去の多くの出来事や体験を長期的に記憶する役割を担っていることも明らかになっている。これらの記憶は「長期記憶」とも「エピソード記憶」とも呼ばれている。エピソードとは、ご存じのように挿話や短くて興味深い話のことである。それらの記憶に関することからこのように名付けられた。つまり海馬は知識や情報の記憶に重要な役割を果たしている。先に紹介したように記憶は、海馬の中に神経細胞とその回路として保存されている。脳には神経細胞やそのつなぎ目となるシナプスがあり、電気信号と化学信号によって情報がシナプスを通過して多くの神経細胞へとつながっている。それらが記憶等を構成している。

◎差別意識や偏見にも関連する脳科学

私が専門外の脳科学に興味を持つきっかけになったのは、「科学技術の進歩と人権」を研究しはじめたことが最も大きな要因であり、三〇年ほど前の体験も影響している。それは認知症患者の高齢男性が、日常的に部落差別発言を繰り返す差別事件に遭遇したからである。その男性は多くの記憶を失っているにもかかわらず、被差別部落に対する賤称語は覚えていたのである。その時の疑問が人の脳はどうなっているのかを知りたいと思う大きなきっかけになった。この事実も私にとってのエピソード記憶であるといえる。

認知症の中の一つであるアルツハイマー病は、海馬の中の神経細胞が機能しなくなり死滅することによって記憶が失われていく病である。現在では海馬内に神経細部を増加させることで記憶力を改善しようとする試みも考えられている。

私は先に紹介した高齢男性がどのようなエピソード記憶によって、いわゆる差別語を記憶し、それを連発するようになったのかを知りたかったが、十分な事情聴取もできなかった。今日では刑事裁判や刑務所でも認知症患者の問題がクローズアップされている。

◎神経回路網を人工的に模した人工知能

現在の認知症治療では、ｉｐＳ細胞（人工多能性幹細胞）などを活用して海馬内の神経細胞を増加させることができないかと考えられるようになってきた。いずれ認知症を予防することや症状の悪化をくい止めることが脳科学の進化によって可能になっていくと確信している。それは認知症だけではなく、うつ病等の治療にもつながっていく。うつ病の脳と健康なときの脳の活動状態を比較研究することも進んでおり、脳の状態を健康な状態に変えることで治療する方法も考えられている。これらの研究と脳科学の進化は、人口変動にともなう多くの社会的課題を解決することにも役立つ。

一方、人工知能の進化も先述したように脳科学の進化に支えられている。現在の人工知能の深層学習（ディープラーニング）を担っているディープニューラルネットは、脳内の神経回路網を人工的に模したものである。脳科学の進化によって、海馬を中心とした脳が記憶や情報をどのように処理しているかが部分的に明らかになったことによって可能になった。これまでからその考え方の基盤はあったが、それらのシステムを支えるコンピュータがなかった。コンピュータの演算能力の飛躍的向上と、そのシステムに学習させるビッグデータの飛躍的な増加によって、自ら認識・判断するルールを見つけ出す深層学習ができるようになった。

ここだけ読むと難解だと認識されると思うが、端的にいえば人間が行っている情報処理や知的な営みを機械によって実現しようとする技術的な試行といえる。こうした試行は人工知能をさらに高めた。それは人工知能と人間の脳との境界がわかりにくくなっていることからも明らかである。

◎独創的な芸術作品も生み出している

現在の人工知能は極めて高いレベルで詩を書き、いずれ小説も執筆すると予測されている。絵画でも真作と見分けがつかない贋作《がんさく》を描く人工知能も存在し、独創的な芸術作品も生み出している。音楽分野でも作詞作曲という創造的な活動もできる人工知能ができており、人間だけの特性と思われてきた創造性や感性、意識、思考は、いずれ人間だけのものではなくなってしまう可能性が高くなっている。これらは「差別意識」や「人権感覚」にも似たものを人工知能が保持することになっていくことを意味している。

ただし人工知能は人間のような感覚で上記のような作業を行っているわけではない。現在の人工知能は、画像認識や音声認識といった限られた分野やルールの決まったゲーム等の中で優れた能力を発揮できているだけである。人間のようにさまざまな場面で多様な情報に基づいて総合的に判断することはできない。それでも脳科学の飛躍的進歩が状況を大きく変える可能性を含んでいる。

こうした脳科学の進歩は人工知能の能力をさらに進化させるだけではない。脳の働きで車いす等が制御可能になり、スポーツ・学習・行動等の向上にも脳の解明が大きく貢献していくことになる。脳に関わる病気の解明と治療も大きく改善するといえる。二〇一五年には、持ち運び可能で安価なヘッドセット型脳波計も開発され、脳活動に関する大量のデータを収集・保存・分析することが可能になった。これらのデータを人工知能に学習させることによって、脳の解明はさらに早まっていくだろう。

◎人間が行ってきた悪行を人工知能も行うか

それはさまざまな問題を惹起《じゃっき》することにもなっていく。遺伝子解析の進展によって、個人の遺伝情報が明確になることで病気治療等に大きく役立った反面、究極のプライバシー侵害や個人情報漏洩につながる可能性があることを本書で指摘している。二一世紀の最大の差別問題は遺伝子差別になるかもしれないとも紹介した。

同様に脳科学の進化も光と影をもつ。機械工学の進歩が人間の筋力を限りなく拡大し、多くの便利さを得ることができた反面、非日常の戦争では大量の人々が戦死し、日常では交通事故で多くの人々が事故死するようになった。

脳科学や情報工学の進歩は、意識や知能を限りなく拡大し、人間がしなければならない多くの仕事を人工知能を搭載した多くの機械が代替してくれるようになった。知的な分野でも人間になり代わって人工知能が仕事を代替してくれるようになりつつある。反面、人間の仕事は奪われ、人間が行ってきた悪行を人工知能が恐るべきスピードで行うことも可能にした。それは差別や人権侵害の分野だけではない。人間とコンピュータの境界も曖昧になりつつある。脳科学の進化によって、脳の活動を分析することで思考や夢、願望等を解明することができるようになれば、プライバシー侵害に結びつくかもしれない。すでに米国防高等研究計画局は能動的記憶力再現プログラムに着手し、記憶の回復と増強に取り組んでいる。いずれ頭の中まで見透かされてしまうような時代が来るかもしれない。これは戯言《たわごと》ではない。そうした時代を見据えた人権認識が求められている。

脳科学の進化がＡＩをはじめとするＩＴ革命を進化させ、ＩＴ革命の進化が遺伝子解析をはじめとするゲノム革命を飛躍的に進化させている。これらの進化が社会や差別問題・人権問題に多大な影響を与えている。それらの一端を本書で紹介させていただいた。

第一章 人工生殖の進歩とゲノム革命がもたらす人権課題

1 人工生殖の諸問題と人権

◎凍結受精卵で数百年後に妊娠？

人権問題は科学技術の進歩とともに伸長する反面、より高度で複雑で重大な面を持つようになる。科学技術が高度に発達した二一世紀は、人権を尊重しないと維持できない世紀でもある。後述するが、例えば人権の享有主体である人の範囲・定義も科学技術の進歩によって大きく変化する。

人工授精が日常的に行われている今日、多くの人権上の諸問題も発生している。顕微授精で受精すれば数時間で遺伝子ができあがる。これをマイナス一九六℃で保存すると、永遠に生きている。ある夫妻が受精卵を体外授精で作成・保存し、妊娠可能な人に妊娠していただくこともちろん可能である。例えば五〇代の人が三〇代の時に妻とともに作成した自分たちの受精卵を年を取ってから孫もいないから子どもを育てたいと考えたとする。二十数年間凍結していた受精卵を妊娠可能な女性に妊娠してもらい、産んでもらうということが技術的には可能なのである。それだけではない。数百年後に妊娠することも理論的には可能である。

一九九五年五月一五日の読売新聞に「夫が死ねば冷凍受精卵廃棄―仏高裁 妻に使用認めず」との見出しで、「夫の死後に、夫婦が生前にもうけた受精卵を用いて子供を出産することが許されるかどうかが争われていた裁判で、フランス南部のツールーズの控訴院（高等裁判所）はこのほど、受精卵を廃棄するよう命じる判決を下した」と報じられていた。

このように科学技術の進歩によって、人権の主体である人間を対象とするバイオテクノロジー（生命工学）等の進歩も著しく、新たな人権問題が現実問題として数多く浮上している。これらの問題は上記の裁判の一九九五年とあるように二〇世紀の問題である。今はさらに高度で複雑で重大な問題になっている。

フランスでも国会や生命科学倫理国家諮問委員会等で議論され、一定の結論が出されているが、夫の死後の受精卵の使用に好意的な考え方と逆に生命倫理規定を強化し、受精卵の使用を規制する考え方に二分されている。

日本の国内においても凍結受精卵による出産は行われているが、日本産科婦人科学会は「ヒト胚《はい》及び卵の凍結保存と移植に関する見解」を発表し、夫婦のどちらか、あるいは両方が死亡したときは、凍結受精卵を廃棄するように定めている。また研究に用いた精子、卵子、受精卵を臨床に用いてはならないことや受精卵は二週間以内に限って研究に用いることができることなどを定めている。ただ、ドイツでは一定の条件のもとで受精卵を研究その他の目的で操作することを刑罰で規制している。

◎凍結受精卵は「人」か？

このようにバイオテクノロジーの驚異的な進歩によって、その法的枠組みが整備されないいま、既成事実が先に積み重ねられている面があることも現実である。

ところで人権にとって重要な問題の一つに、人権の主体である「人」の「定義」をどのようにするのかという問題がある。

そうしたなかで、科学技術の進歩が「人」の範囲における新たな問題を提起したといえる。つまり生命の誕生をどの時点とみなし、いつの時点で「人」とみなすのかということである。

実験室の試験管の中で、体外受精が可能となった現在、受精した瞬間から「人」とみなすのか、また凍結受精卵を「人」とみなすのか、といった重大な問題が提起されている。また同時に、生命の終わりをいつの時点にするのかという問題も脳死移植の問題とともにクローズアップしてきている。

もし受精卵を「人」とみなした場合、受精卵を二週間以内に限って研究に用いることができるという日本産科婦人科学会のガイドラインは、人体実験を認めてしまうことになり許されないことになる。

日本の国内法においても刑法と民法において若干の「人」の定義に違いがあるが、受精卵を「人」とは見なしていない。また受精卵を保護する規定も存在しない。その意味では法的には「もの」と見なさざるを得ない。しかし、すでに遺伝子も形成されている受精卵を「もの」と考えるには、何か割り切れない感情が存在するのも事実である。たとえば、かつてオーストラリアにおいて、ある夫妻が凍血受精卵二個を作成した後、飛行機事故で死亡してしまい、その夫妻の遺産を凍結受精卵に継がせるべきであるか否かという問題が発生した。また遺産を継がせるべきでないとした場合、凍結受精卵を処分すべきかどうかという論議が起こった。

遺伝上は明確に夫妻の遺伝子を引き継いだ受精卵であっても、「人」と見なしていない場合、

「人」ではない「もの」に遺産を継がせることはできない。仮に遺産を継がせるとの判断になった場合でも、代理母の選定やその後の親権など重大な問題が山積しており、人権確立の上でも今後の社会システムや法制度においての重要な課題であるといえる。

◎人工生殖の諸問題

次に人工生殖の諸問題について考察していきたい。人工授精の場合、大きく分けて配偶者間人工授精（ＡＩＨ Artificial Insemination by Husband）と非配偶者間人工授精（ＡＩＤ Artificial Insemination by Donor）の二つが存在する。

例えば夫が無精子症で子どもが欲しいという場合、ＡＩＤを行うことになり、他の男性の精子によって子どもを産むことになる。生まれてくる子どもは、民法では結婚をしている時に生まれた子どもは、夫の子どもとみなされ、戸籍上も夫婦の子どもになる。

かつては一人の人の精子を五〇人ぐらいに分けていたということもあり、生まれてきた子どもは戸籍上は父親が異なるが、精子はある一人の男性の精子ということになる。つまり一人の男性の精子で生まれてきた男性Ａという子どもと、女性Ｂという子どもが将来結婚したいと希望したとする。この場合、この二人は遺伝的には父親が同じであっても、戸籍上は異なるので、この二人は結婚できてしまう。本来ならば三親等以内の結婚はできないのが法の趣旨であるが、当事者の関係がわからないので結婚できることになる。フランスには同じ病院のＡＩＤで同じような時期に生まれた場合は、調べていただくことも可能である。現在なら当事者が安価なＤＮＡ鑑定を行えば簡単にわかることになる。

また以下のような問題も発生する。夫が無精子症の夫妻でＡＩＤに同意し、途中で同意を取り消すケースも出てくる可能性がある。取り消さなかったとしても妊娠中に夫婦仲が悪くなっていくということも考えられる。実際にそういったことも起こっている。ＡＩＨであれば夫と妻の精子と卵子であるから、人工受精であったとしてもそういった問題はないが、それが妻の卵子と他の人の精子を使うＡＩＤの場合は、以上のような問題も起こる可能性がある。

◎非配偶者間人工授精の諸問題

ＡＩＤの諸問題として、夫以外の精子を利用した場合、例えば父は誰かという問題が起こり、独身女性の場合では、優性学的利用等の問題が存在する。つまり独身女性に、ドナーの精子を与えることはいいのかどうかといった問題である。これは日本では規制しているが、アメリカでは日常的に行っている。日本の独身女性で、どうしても子どもが欲しいという場合は、アメリカに渡って精子を受け取り、産むというケースも実際に出てきている。

アメリカには一九八〇年にノーベル賞級の人の精子を集めた精子銀行といったものもできている。その精子銀行に精子を提供しているノーベル賞を取った人は極めて少ないが、あとはIQの高い男性ということになっており、こういった精子は値段も高いという実態がある。高いだけでなく、この精子を買う女性についても、IQ試験が実施され、ある基準を超えないと購入できないというシステムになっていた。こうしたことが倫理上いいのかどうかという問題も残る。

一方、デザインチャイルドといった考え方も存在する。このデザインチャイルドという考え方は、要するに子どもをデザインするということである。もちろん私はこの考え方に反対である。これら優性学的利用に歯止めがなくなれば大きな問題に発展する可能性が高い。こうした問題はいまだ国による基準も多様で解決途上にある。

2 遺伝子解明がもたらす衝撃

◎二一世紀最大の人権問題

遺伝子問題はすべての人に関わる問題であり、二一世紀最大の人権問題である。原子力の暴走とそれを鎮めようとする人間の英知がしのぎを削っているとき、「魔法の生命？」バイオテクノロジーを「暴走するバイオテクノロジー」にしないためにもすべての人々が関心を持つべき問題である。

まず「ゲノム革命」の「ゲノム」から解説しておきたい。「ゲノム」とは、生命活動を営むために欠かすことのできない染色体の一組の集まりを指し、細胞の中に存在する遺伝情報の総体である。そこには遺伝子と遺伝子の発現を制御する情報などが含まれている。つまりタンパク質と遺伝子は、いわば製品とその設計図であり、ゲノム上には設計図とその製品の製造を管理・制御している部分が存在している。

より簡単にいえば、遺伝情報に問題があったり、途中で変異したりすれば、あるタンパク質を作ることができなかったり、細胞が暴走してしまうことになってしまう。あるタンパク質ができなければ一定の酵素やホルモン等ができず、ある種の疾患をともなうことになり、細胞が暴走すればがんなどになる。現在では生まれてくる胎児遺伝子の平均七〇ぐらいに突然変異が発生しているという研究データも明らかになっている。

ヒトゲノムは、ヒトの身体を造り上げるすべての行程の「設計図」のようなものである。

これから紹介していくヒトゲノム研究に関する最新の知見は、二〇一一年一月に日本で翻訳出版されたフランシス・S・コリンズ（Francis S.Collins）著の『遺伝子医療革命—ゲノム科学が私たちを変える』（NHK出版）によるものである。二〇一九年現在の今日ではさらに進化している。原書のテーマは、「The Language of Life — DNA and Revolution in Personarailized Medicine」である。難しい問題をわかりやすく解説した名著である。この著で得られたヒトゲノム研究の現状に人権の視点を照射して「ヒトゲノム解析と人権」について述べていきたい。

コリンズは、一九九三年～二〇〇八年、米国立ヒトゲノム研究所所長を務め、オバマ政権の下で二〇〇九年より米国立衛生研究所（NIH）所長に就任している。彼は国際ヒトゲノム・プロジェクトの代表も務めたヒトゲノム研究の第一人者である。

◎日進月歩で進むヒトゲノム解析

私は常に「方針は現実から与えられる」と言ってきた。それは医療も同じである。人間の身体の現実がわからなければ、その現実を変えることもできない。これまで私たちが医療に関わって身体の現実といった場合、どのような病状かということが中心であった。同じ病気で同様の症状があれば、ほぼすべての人に同じ治療を行うことが当然とされてきた。今日でもそうした治療がほとんどである。

しかし身体の現実は病気の症状だけではない。どのような人がその病気に罹《かか》っているのかによって、現実は異なり治療方針も異なる。例外を除いて人のDNAはすべて違う。まさにDNAの違いによって身体の現実も異なる。ある人には効く薬も別の人には効かないということも実際の医療現場では日常よくある。

私も忙しくて風邪などで病院に行くことができないとき、市販の飲み薬で症状を改善させることもある。市販の薬には、その薬の成分・分量や効能・効果、用法・用量等とともに、「使用上の注意」が記されている。例えば「次の人は服用前に医師または薬剤師に相談してください」「次の場合は、直ちに服用を中止し、この添付文書を持って医師または薬剤師に相談してください」と書かれている。すべての人が同じであるならこのような「使用上の注意」は必要ない。これらはほとんどの場合、体質つまり個人によってヒトゲノムが異なっているからである。そのヒトゲノムの解析が日進月歩で進んでいるのである。

◎複数の遺伝子が関与している病

ヒトゲノムの構造解析がほぼ終了し、機能解析の段階に進んでいる。つまり一つひとつの遺伝子がどのような役割を担い、複数の遺伝子が関与してどのような問題を起こすのか、また遺伝子の変異がどのような問題を起こすのか、気の遠くなるような研究がIT革命の下で加速度的に進化している。コンピュータの加速度的な進化が、遺伝子解析の驚異的な進化を支えている。最近ではゲノムの九八％を占めている遺伝子の役割を果たしていないと思われてきた「ジャンク（がらくた）DNA」といわれる部分にも光が当てられ、それらの役割も解明されつつある。

特定の遺伝子に変異があれば予知できる病気を単一遺伝病またはメンデル遺伝病と呼んでおり、DNAレベルで簡単に理解できる病気であり、これらの病因が何百も見つかっている。

しかし多数の遺伝子が影響し合って病気を発症させる遺伝子群を解明していくことは大きな困難をともなう。これらは「多遺伝子」と呼ばれ、こうした遺伝子群が受け継がれる性質を

「多遺伝子性」という。これらの解明は極めて難しい。

身近な病気のことを考えてみれば容易に理解できる。例えば私の友人にも糖尿病になっている人がいる。食生活等の環境は周りの人とほとんど変わらないにもかかわらず、糖尿病になるのは遺伝要因が大きいからである。

逆の人もいる。遺伝リスクが小さいにもかかわらず暴飲暴食という環境要因によって糖尿病になる人もいる。つまり遺伝リスクだけで発症する病気も存在するが、多くの病気は環境リスクも大きく影響する。

患者が二〇万人未満の病態と定義されている遺伝病の希少疾患はアメリカでは少なくとも六〇〇〇種類ぐらいあると指摘されている。これら以外のほとんどの病気も遺伝に関わる。

以上のように医療そのものが遺伝子レベルの問題に集約されていく。それは同時に病気発症メカニズムの一方の要因である環境リスクも速いスピードで解明することにつながっている。

◎成人体重も遺伝子で決まる？

これらが私たちに多くの「光」をもたらすが、同時に「影」ももたらす。

原子力発電は、火力発電のように二酸化炭素を排出せずに電気エネルギーを作り出すクリーンエネルギーとして近年は見直されるようになってきた。しかしそれが東日本大震災にともなう福島の原発事故によって根底から崩れてしまった。しかし電気は私たちの生活になくてはならないものである。今後、電力問題をどのように考えるかはすべての人の問題である。その上で社会的合意を取り付けて一定の方向に進むことが求められている。

遺伝子問題も同様である。多くの疾患の遺伝的要因と環境的要因が加速度的に解明されている。これらは人類にとって多くの光明をもたらす。若くして命を奪った遺伝病が克服され、将来より多くの人々を絶望から救うことになっていく。また遺伝リスクがあっても病気が発症しないよう予防医学が飛躍的に前進していくことになってきた。

さらに今日的知見による推定では肥満の問題は遺伝性が強く関与しており、成人の体重の六〇%から七〇%は遺伝子で決まるとされている。こうした人々の肥満予防も大きく前進するかもしれない。こうした輝かしい「光」とともに、「影」の部分にも焦点をあて、「光」が強くなればなるほど「影」の部分も濃くなることをふまえる必要がある。

3 結婚と遺伝子検査結果

◎遺伝子解明が差別に

遺伝子の解明が加速度的に進んでいることを先に紹介したが、そのことが差別や人権問題に多大な影響を与えていることも述べてきた。私たちが部落差別で経験してきた同様のことが遺伝子関連でも差別問題として浮上してくることは間違いない。

例えば部落差別に基づく結婚差別が今も根強く残っている。私のところには今も相談が絶えない。しかしほとんどの相談者は、その結婚問題を公にすることを極端に嫌う。なぜなら差別する側の結婚相手を説得して結婚しようと願うからであり、その願いが叶わない場合でも次の結婚に差し支えると思うからである。

私も相談者との信頼関係の下、守秘義務を自らに課しており、相談者の同意がなければ一切公言しない。それは被差別部落出身者であろうがなかろうが同様である。企業や行政機関からの相談に対しても同じである。だからこそ部落差別は根強く存在していると訴えているのである。

しかし公にできない結婚差別は、当然のことながら事実を訴えて問題提起することもできない。問題提起をすることができなければ部落差別の厳しさを理解していただくこともできない。それは部落差別の軽視につながる。私にとっての大きなジレンマである。

また部落差別の加害者側は、公にできる結婚差別事件でも確実な証拠がない限り、ほとんどの場合、部落差別であることを認めない。ひどいケースになると二人の関係は、「○○山のお告げ」によってよくないと言われたからお断りしただけだと神がかったことをいう関係者もいたぐらいである。これは被害者の女性があまりにひどいとして民事訴訟を提起し、部落差別であると裁判所で認定してもらった事件でもあった。結婚差別はそれほど人間の差別意識と醜さをえぐり出す。部落差別に基づく結婚差別は、被差別部落に対する偏見や差別意識がその根底にあり、被差別部落出身者と結婚すれば自身や自身の親族が不幸になると考えることから起こることが多い。

それは偏見以外の何ものでもない。誤解がないようにお断りしておくが、被差別部落出身者との結婚破談のすべてが部落差別に基づく結婚差別といっているわけではない。性格の不一致で結婚までに別れることもあるし、DV男性であることがわかって別れることもある。それらは結婚差別ではないし、結婚差別として取り組んだこともない。被差別部落出身であるという理由によって破談になることが結婚差別なのである。破談になる合理的理由があればそれは通常の別れ話であり結婚差別ではない。

◎遺伝子検査結果が結婚判断に

ところで、もしこうした意識のまま遺伝子の解明が進めばどのような事態になるだろうか。遺伝子差別に基づく結婚差別が頻発してもおかしくない。多くの人々が遺伝子検査を行うようになれば、遺伝子検査結果が結婚時に利用されることは容易に想像がつく。先に紹介したように遺伝子解析は加速度的に進んでいる。加速度的に進めば病気の将来予測は確実に前進していく。病気の将来リスクが明らかになれば、自身の幸せを願って結婚相手を選ぶときの大きな判断材料に遺伝子検査結果が使用される可能性が高くなる。

これまで私たちは「どんな人と結婚したいですか」と聞かれて、ごく普通に「健康で明るい人」などと答えてきた。この言葉に若い頃の障がいもった友人は、「抵抗がある」と告げてくれたことがあり、健康の概念について真摯《しんし》に議論したことを覚えている。

しかしこの健康概念も遺伝子解析の進化とともに変化していくと考えられる。先に紹介した「健康で明るい人」という健康概念は、これまではまぎれもなく結婚をしようとしたときの健康状態であり性格である。将来の健康は遺伝子解析が進んでいない時代、多くの場合わかるはずもなかった。これからは将来の発病リスクもある程度わかる。そうしたなかで健康概念は将来の健康も含めたものになる可能性が高い。

ほとんどの人々が将来においても配偶者が健康であってほしいと願っていることはいうまでもない。しかしそれを予測することはこれまでは不可能に近かった。遺伝子解析時代はそれがある程度まで不可能ではなく可能になる時代である。

◎これが未来の結婚サイトか？

かつて拙著で以下のようなシナリオを紹介したことがあった。

（株）結婚情報システム（仮名）に一人の男性が訪ねてきた。男性の名は山科学《やましなまなぶ》（仮名）、三二歳。目的はもちろん結婚相手を探すこと。おもむろに受付の社員に相談をはじめた山科に、社員Aはきわめて事務的に結婚情報システムのしくみと入会手続きを説明しはじめ、このシステムがいかにすばらしいものかということを山科に話した。その中で一つだけ気がかりなことが山科の頭に残った。それは入会のために必要な多くの書類の一つに「遺伝子検査」の結果に関する診断書が必要だということであった。山科は三二歳になるこの年まで「遺伝子検査」などしたことがなかった。また、その検査をどこの病院でやっているのかも知らなかった。（中略）

山科は帰りぎわになって、どうしても理解しがたいということで、「なぜ遺伝子検査の結果が必要なんですか」とたずねると、社員Aは「入会する全員から提出していただいています」としか答えなかったので、「だから、なぜ必要なんですか」と再度聞き返した。すると社員Aから「あなたにとっても、あなた以外の相手にとっても、最適な人を探すためです」との回答が返ってきた。山科は、さらに「もし私の遺伝子検査の結果に問題があれば、私の最適な相手は見つかるのでしょうか」と質問した。それに対して社員Aは「その場合は……、その場合は……」と言葉を濁しながら、「その場合でも相手の方さえ納得していただければ……」とかろうじて返答した。（後略）

上記のシナリオは今から二十数年前に執筆したものである。今、「結婚相手紹介ビジネス」で遺伝子検査を行っているところは私の知る限りではない。

しかし科学技術的には一定の範囲内で可能である。すでに医療機関を介さず遺伝子検査を有料で行ってくれる民間企業が数多くある。

先に紹介した『遺伝子医療革命―ゲノム科学が私たちを変える』の著者であるフランシス・S・コリンズは、この著書の中で自ら民間三社の提供している総合的なDNA分析を依頼した体験談を語っている。それぞれの検査価格は、日本円にして約三万二〇〇〇円、八万円、一八万円とかなりのバラツキがあり、最も価格の高いところでは電話によるカウンセリングその他の特典も付いているというものであった。彼はこの種の検査で正確な予測をすることは難しいと理解していたが、自身の結果をわくわくしながら読みはじめたと語っている。三社のDNA分析が高品質であったことも付け加えている。

自身の2型糖尿病（成人発症型糖尿病）のリスクが少し高いことや、アルツハイマー病の遺伝リスクが少し低いことなども記している。現在ではさらに安価で数多くの検査をしてくれる。

◎結婚相手の遺伝子検査を極秘裏に？

私が気になったのはそうした遺伝子検査結果の記述ではなく、彼が検査申し込みにあたって実名を使わないことにした点である。彼がそうしたのは実名を使って特別待遇を受けることのないように、一般の顧客と同等に扱ってもらおうと考えたからであった。その彼の考えは正しい。

彼は米国立ヒトゲノム研究所所長を務め、オバマ政権の下で二〇〇九年より米国立衛生研究所（NIH）所長に就任している超有名人であり、ヒトゲノム解析の権威でもある。

その彼が実名でDNA分析を依頼すれば、各社も深読みをして特別待遇をするだろう。そうすれば各社の正確な検査実態はつかめない。だからこそ彼の判断に誤りはないといえる。私が危惧したのは、他人になりすましても検査ができるそのシステムにあった。遺伝子検査各社は、特別なチューブに唾液を入れてもらうか、頬の内側をこすり取ってもらうかしてDNAサンプルを受け取り、そのサンプルを検査にかけていた。

もし悪意の依頼者がいて自身のDNAサンプルだといって、他人のDNAサンプルを送っても、以上の三社は高品質なDNA分析結果を送り返してくれる。このDNAサンプルが結婚をするかもしれない相手のものであった場合、将来の発病リスクがある程度わかる。結婚相手のDNAサンプルは容易に手に入る。結婚前の差別身元調査が本人の知らないうちに行われてきたように、本人の知らないうちに遺伝子検査が行われる可能性は十分にある。そしてそのDNA分析結果は、新たな遺伝子解析の知見が加われば変化する。それだけではない。もっと多くの問題がともなう。

4 遺伝子差別をなくすために

◎差別身元調査をなくすために規制等条例が成立

これまでの多くの部落差別身元調査事件には、興信所や探偵社といわれる調査業者が深く関与していた。またその手段として利用されていた被差別部落の所在地を克明に記した「部落地名総鑑」は、そのほとんどが調査業者やその関係者によって作成・販売されていた。そのために再発防止策の一つとして、調査業者を対象に「部落地名総鑑」の作成・販売と部落差別身元調査を規制する「大阪府部落差別事象に係る調査等の規制等に関する条例」（以下「規制条例」という）が、「部落地名総鑑」発覚から一〇年目にあたる一九八五年三月二〇日に大阪府議会で成立した。この規制条例が差別身元調査事件の解明に大きな役割を果たした。これらの差別身元調査事件の取り組みを通じて、一九九九年の改正職業安定法（第五条の四・求職者等の個人情報の取扱い）の成立につながった。

また規制条例は、土地差別調査事件の再発防止のために土地差別調査を規制する条文を補強する形で二〇一一年三月に強化改正された。

以上の事件以外にも多くの差別身元調査事件に取り組んできた教訓の一つは、悪質な調査業者は、時代のニーズに合わせて差別的なものを含めて調査項目を設定し、身元調査の依頼者に積極的に働きかけてきたという点である。調査項目を増やすことによって依頼者のニーズに応え、なおかつ調査料金・単価を引き上げることができた。

例えば一九九八年の大量差別身元調査事件では、企業側が採用にあたって知りたがっているだろうと思われるオカルトなどの項目も追加されており、時代とともに調査項目が変化していることが明らかになった。

今日においては、採用時の身元調査は本人の同意がない限り原則として違法である。おそらく激減していると推測されるが、結婚時の差別身元調査はいまだ根強く続いていると考えられる。

◎DNAサンプルさえあれば

このような状況の中で、私が最も危惧するのが、調査項目の一つに遺伝子検査結果が含まれはしないかということである。もし民間の遺伝子検査機関が何の制約もなく遺伝子検査を引き受けるような状況にあり、調査対象者のＤＮＡサンプルがあれば遺伝子検査は容易にできる。

これまで関わってきた差別身元調査事件の依頼者であれば、調査会社から「遺伝子検査項目も追加オプションで入れておいたほうが将来の健康リスクをある程度把握でき、配偶者として適しているかどうかを判断することができますよ」と促されたら、「それも調査項目に入れておいてください」となるような気がしてならない。

警察捜査機関が捜査の中で被疑者のDNAサンプルを入手するように、一定のノウハウを持つ調査会社なら調査対象者のDNAサンプルを入手するのは可能である。

かつて強姦罪（現在は強制性交罪）の被疑者が、ある駅前で捜査員に職務質問された後、怒って捜査員から離れていくとき飲んでいた缶コーヒーを投げ捨てたことがあった。その空き缶を捜査員が収集し、そこに付着していた唾液をDNAサンプルとして鑑定を行い、犯人特定に結びついたことがあった。唾液をはじめ調査対象者のDNAサンプルを入手するのは、特別な警戒をしている人でなければ困難なことではない。

それらの遺伝情報は親族の個人情報にも関わってくる。さらに難しいのは、部落差別と異なって予断や偏見に基づく差別と一概に言い切れない問題だということである。

◎部落差別と遺伝子差別の共通点

私たちは被差別部落やその出身者に対する結婚差別が発生したとき、差別をする相手側の親を説得する場合、被差別部落出身であるかどうかで判断するのは明確に部落差別であり、出身ではなく本人自身をみて判断すべきだと伝える。そのことが娘さんや息子さんの幸せにつながると説得してきた。そうした説得が功を奏して、差別的であった親族の態度を変えさせることができたことも数多くあった。

ただ被差別部落出身者と結婚を望んでいた本人自身に部落差別意識があり、結婚相手が出身者であると判明した時点で当事者の意志によって破談になるケースでは、元に戻ることは少なかった。

部落差別と遺伝子差別で共通している点は、外見上ではわからないという点である。例えば黒人差別のように外見でわかるような差別であれば、黒人差別意識をもっている人は最初から結婚を前提とした交際はしない。しかし相手の告知や調査でしか判明しない部落差別や遺伝子差別の場合は、交際当初はわからない。ときには結婚してから出身者であることがわかって離婚しているケースも存在する。私もこれまで関わった事案の中で数件そのようなケースがあった。

◎部落差別と遺伝子差別の相違点

一方、部落差別と遺伝子差別で異なる点は、部落差別の場合、「予断」や「偏見」に基づいて差別的な対応になるが、遺伝子差別は違う。予断や偏見ではなく「科学的な病気発症リスク等」に基づいて差別が行われる。こうしたケースでは、先に紹介したような部落差別を行っている加害者への説得方法では限界がある。差別的な親族から「予断」や「偏見」で差別しているわけではなく、現実問題として息子や娘が何年か先に配偶者と死別する可能性が高いし、看病生活になる可能性も高い。それがわかっていながら結婚をさせることはできない。本人も結婚せず別れることを望んでいるといわれた場合、どう対応するのかという問題である。

おそらくこのような問題が起こるだろうと予想されるが、顕在化することは少ないと考えられる。なぜなら結婚相手の遺伝子検査結果を調査会社を通じて極秘裏に入手したとしても、それらの検査結果を相手に明示して、結婚を破談にしたいという断り方はしないと考えられるからである。部落差別の場合も表向き他の理由で断られることが多い。被差別部落出身を理由にして断ると部落差別だといって問題にされるのでないかと警戒して、多くの場合、真の理由を隠したまま別れていく。

◎医療目的に限定した検査だけを

遺伝子差別も同様になるだろうと考えられる。これらの問題を防ぐためには、その入り口を規制することが必要になる。匿名での遺伝子検査ができないようにし、医療目的に限定した検査だけができるようなシステムを構築する必要がある。

部落差別身元調査を規制するために戸籍の公開制限や戸籍制度の抜本的改革に取り組んでいるが、遺伝子検査もそのようなルールを早急に作る必要がある。戸籍不正入手事件はそれらの取り組みに挑戦するような差別事件であり、ルール違反の事件である。しかしルール違反をしてでも、被調査者の戸籍謄抄本を入手しようとするニーズが根強く存在する事実は、部落差別の根深さを顕著に物語っている。

残念ながら遺伝子差別も同様であるといわざるを得ない。結婚という私人間の問題の場合、雇用や保険加入と違って、その時点で立法的に規制することはかなり難しく、そうした差別ができないように事前行為を規制することが重要になってくる。

差別身元調査のことを考えればよく理解できる。本来、差別身元調査を依頼する人々がいなければ調査会社が差別身元調査を行うことはない。かつて規制等条例成立前、ある興信所関係者が、「悪いのは調査業者ではなく、差別調査を依頼する依頼者であり、調査業者はその道具、手段として使われているだけだ」と力説していたことがあった。私にはそれを金儲けの手段に使っている興信所関係者にも大きな問題があり、それを是認しようとする見解が奇異に映ったが、彼らの内部では一定の影響力をもつ見解であった。

◎遺伝子検査機関の規制を

そうした状況の中で規制条例は、差別調査の依頼者である一般市民を罰則対象にするのではなく、業として行っていた調査業者の一定の行為を規制するという方法を取ったのである。それらの規制が結果として、差別身元調査をなくすために積極的な啓発効果があったことも事実である。

遺伝子問題も遺伝子検査機関をどのように規制、コントロールするかによって、大きく異なってくる。少なくとも遺伝子問題全般を統制する立法化が求められているといえるだろう。例えば「遺伝子解析研究及びその検査、データ管理、利用等に関する法律」が必要になってくる。

そうした取り組みが遅れることになれば、遺伝子差別が横行するだけでなく、究極の個人情報といわれる個々人の遺伝子データが流失・悪用されることになる。一人の遺伝子データを保存するのに二〇〇GB（ギガビット）の容量が必要であるが、日進月歩いや秒進分歩の加速度的なIT技術の進歩の結果、極めて安価に保存することができるようになった。いずれ病院のカルテに患者の全遺伝子データが保存される時代になるだろう。そうした社会は私たちにどのような光と影をもたらすかを考えていくことは極めて重要な課題になる。

5 DNA検査と生命保険

◎「長生き遺伝子」の発見

かつてNHKが放送した「長生き遺伝子」に関する特集番組が多くの視聴者の大きな反響を呼んだ。歴史に登場する権力者も不老長寿の秘薬をさがし権力を駆使してきたが、どれも成就することはなかった。それが遺伝子レベルで長寿が実現しようとしているのである。サーチュイン遺伝子と呼ばれる遺伝子を活性化することを通じて寿命を延ばすことができることが明らかになりつつある。カロリー制限を行うことによって、サーチュイン遺伝子が活性化されることが番組内で紹介されていた。

これらの知見は社会に重大な影響を与える。もし平均寿命が一〇〇歳ぐらいになれば、現在の高齢者概念を変えなければ社会は持たない。生産年齢人口が今のままの一五歳から六四歳であれば高齢者人口は現在よりはるかに多くなる。

日本における生産年齢人口と高齢者人口の推移は、二〇〇九年で生産年齢人口は六三・九%で、高齢者人口は二二・七%、二〇三〇年では生産年齢人口は五八・五%で、高齢者人口は三一・八%になると予測されている。約二〇年で生産年齢人口が高齢者人口の二・八倍から一・八倍に減少する。これらに加えて、「長生き遺伝子」の活性化を実現させることができれば、平均寿命は飛躍的に伸び、高齢者人口は飛躍的に増加する。

これらの変化は福祉政策や財政政策だけではなく社会に決定的な影響を与える。多くの人々が七五歳ぐらいまで普通に働く時代がくるかもしれない。生産年齢人口が七五歳まで伸び、高齢者概念が大きく変わる可能性がある。

いつの時代も人口の増減と人口構成の変化は社会に圧倒的なインパクトを与えてきた。「長生き遺伝子」の知見が社会に重大な影響を与えることは間違いない。

これら「長生き遺伝子」に関連する発見は、医薬品業界だけでなく、多くの業界を巻き込む知的戦争ともいうべき開発競争を繰り広げることになっている。後述する「長生き遺伝子活性化カロリー制限医薬品」などの開発競争が激化する。それだけではない。人の生命に関連する業界にも多大な影響を与えることになる。その一つが生命保険業界である。かつて生命保険業界の関係者も一九九〇年代半ば「遺伝子問題研究会」を立ち上げて、生命保険と遺伝子検査に関して一定の見解をまとめたことがあった。

◎加入時の告知義務だけで十分か

その当時の報告書では、保険加入に関わって当面は遺伝子検査を行わず、遺伝子検査がある程度普及しても保険加入に遺伝子検査を義務づけるのではなく、商法上の告知義務を課する方向で提言がまとめられた。

おそらくその前提になったのは、もし加入者が悪意や重過失によって告知義務を果たさなかった場合、保険会社側が保険金支払いを免れることができるからであり、もう一つは告知義務違反を容易に発見できると考えていたからである。なぜなら遺伝子検査を行う機関が医療機関等に限定され、加入者の遺伝子検査履歴が容易に明らかになると判断していたからである。

しかし現在は容易に遺伝子検査履歴は明らかにならない。一つは個人情報保護の壁であり、もう一つは先述したように実名を明らかにしなくても上質の遺伝子検査ができる民間遺伝子検査機関が存在するからである。他人になりすましても検査ができるそのシステムがあれば、保険加入者が遺伝子検査を行ったかどうかを容易に明らかにすることはできない。もし保険加入者と仮名での遺伝子検査受検者のＤＮＡ鑑定まで行えば明らかにすることができるが、相当な壁が存在する。おそらく遺伝子検査機関はそこまで協力はしないだろう。

◎保険料率を変えるべきか否か

以上の状況をふまえれば、多くの人々が安価で容易に遺伝子検査ができる時代になっている今日、保険加入時の遺伝子検査はいずれ重大なテーマになる。

もし遺伝子検査を終えて、重大な遺伝的疾患が明らかになった人々が高額な生命保険に加入した場合、保険計理が悪化するだけではなく、公平性・公正性の観点からも多くの問題点が指摘される。保険会社の総代会や株主総会で多くの人々から遺伝子検査を実施すべきだとの意見が多数寄せられるかもしれない。

しかし遺伝子は個々人の究極の個人情報である。それを保険加入を認めるか否かの判断のために入手することを許してよいのかといった議論も出てくるだろう。

さらに保険加入を認めるか否かだけでなく、遺伝子検査結果によって同一の保険でも保険料率を変えるべきではないかといった議論が出てくるかもしれない。遺伝子検査による発病リスクは多岐にわたる。それらを数値化して保険料に反映させることは事実上かなり難しい。

遺伝子検査結果による発病リスクは無数にある。米国において患者が二〇万人未満の病態と定義されている遺伝子に関わる希少疾患は、先に記したように少なくとも六〇〇〇種類あると推定されている。これらの多くは寿命に直接的な影響を与えないものもたくさんある。しかし直接的な影響を与えるものもある。

それらの遺伝的疾患が保険加入審査の事前遺伝子検査でわかった場合、保険料率にどのように反映させるのかは至難な技である。寿命に直接的に関わる重篤な遺伝的疾患だけでもかなりある。それらを事実上保険料率に反映させるために詳細な判断基準を作成することは不可能に近い。

◎生命保険加入時の遺伝子検査は?

さらにＤＮＡ検査は日々進化している。つまり保険加入のための事前の遺伝子検査結果はその時点の検査結果であって、「秒進分歩」で進む新しい発見によって、遺伝子検査結果にともなう病気リスクは変化する。個人で民間の遺伝子検査を受けた場合でも、新しい知見とともに発病リスクは更新されなければならない。

このような新しい知見とともに変化する発病リスクに対応して保険料率を変えることはできない。これらの事実は遺伝子検査結果に基づく保険加入への認否判断をも不可能にするのではないかと考えられる。

そもそも生命保険の趣旨からして、そのような遺伝子検査を義務づけることが問題なんだという議論も起こるだろう。もともと本人の責任ではない遺伝的体質によって保険加入を拒否することは明確に遺伝子差別だといった意見も出てくるだろう。

米国では生命保険ではなく健康保険の加入時に遺伝子差別を行うことが、各州の法令で禁止されている。オバマ大統領によって健康保険改革が実施されたが、日本と異なって民間の健康保険会社がたくさんある。それらの保険会社のいくつかは当初、遺伝子検査結果によって健康保険への加入を拒否していた。そうした事態が何のための健康保険かといった議論を巻き起こし、社会的な問題意識が高まったことによって、各州での遺伝子差別禁止法につながった。

◎生命保険と健康保険の違い

確かに生命保険と健康保険は異なる。健康保険は病弱な人々にもあまねく医療が受けられるようにするための相互扶助の精神が根底にある。それが健康保険会社側の負担が多くなりすぎるという理由によって、重大な遺伝的疾患のある人々を排除することは、健康保険の意味をなさないではないかという主張が社会的に受け入れられたのである。

生命保険の場合は以上のような健康保険の趣旨とは異なり、大型の保険を掛ければ、そのリターンも大きくなり、公的な面をもつ反面、個人やその親族の私的資産を増やすことにつながるものである。

実際に生命保険加入時に「健康診断」が実施され、末期のがんのような疾患等の場合、保険会社が加入を拒否することが日常的に行われてきた。遺伝子検査結果による判断も基本的には同じだといった意見も存在する。しかし遺伝子検査結果はこれまでの「健康診断」と異なり、長期的な発病リスクまでを対象にし、将来、それらの疾病が治療できる医療が確立されている可能性もある。それにもかかわらず現在の医療水準だけで判断するのは公平ではないといった意見まで出てくる可能性もある。最近のジャンクDNAの研究の進化も上記のような意見を補強することになるだろう。

ところで先に紹介した「長生き遺伝子」であるサーチュイン遺伝子は、カロリー制限を行うことによって活性化するという研究データが明らかにされている。もしカロリー制限を超える食事をした場合、サーチュイン遺伝子が活性化する量にまでカロリー摂取量をコントロールしてくれる医薬品や特定保健用食品が登場すれば、多くの消費者が買い求めることになるだろう。

生命保険会社も夢のような話であるが、「長生き遺伝子活性化特別プラン付帯生命保険」などを開発し、多くの人々の「長生き遺伝子」を活性化することを生命保険の中に組み入れるかもしれない。現実には多くの難しい条件があり、生命保険としては適していないと考えられるが、多くの人々の長生きが実現し、生命保険の保険計理が改善されることにつながるような生命保険が開発されれば、多くの人々は積極的に加入するだろう。

いずれにしても猛烈なスピードで解析されていく遺伝子に関わる知見が、社会に大きなインパクトを与え続けていくことは否定しがたい現実である。

6 遺伝子検査が変える予防医療

◎将来どんな病気になりやすいか

先に示したように将来どんな病気になりやすいかを予測できる時代へ入っている。すでにこれまで紹介してきたように多くの病気予想ができるようになってきた。民間企業のＤＮＡ検査サービスは、確実に広がってきている。検査費用は検査会社によって異なるが、極めて安価になってきており、複雑な手続きもなしに検査が受けられる。

検査は全ＤＮＡの〇・一％未満に対して行われ、そこから数十種類の病気や病体の情報が得られる。これらの情報がわかることによって、病気リスクがわかれば予防もできる。しかし現代医学では予防も治療もできないものも含まれる。それらの病気予想を告知された受検者の心は大きくかき乱されることになるだろう。

これまで述べてきたように、あなたの病気発症率は乳がんになる確率が八〇％で卵巣がんが五〇％、アルツハイマー病になる確率が他の人に比較して八倍と告知されて平常心でいられる人はほとんどいない。それでも治療可能な病気予想や病体であれば、早期発見・早期治療を可能にする。

私たちは企業や学校などそれぞれの所属する機関の定期健康診断を毎年のように受けている。それ以上に自らの判断に基づいて人間ドックで身体の状況を詳しく検査している人々もたくさんいる。健康診断や人間ドックの検査項目にもオプションで一定の遺伝子検査をしてくれる。

多くの人も経験しているように血液検査によって、将来の病気予測が当たり前のようになされている。これらも血液学の進歩によって、血液と病気の関係が詳細にわかるようになったからこそできてきたことである。

◎将来リスクの判明は効果的な予防措置に

私も勤務している大学で毎年、血液検査を自身の判断ではなく、すでに法律で決められたこととして受けている。いつも検査結果を見るときに今年は大丈夫かと思って封書で届く検査結果報告書を開ける。周りの多くの人の中には中性脂肪が多すぎる。コレステロールが上限を超えている。尿酸値が高い等々の検査結果に一喜一憂している人の姿を見ることもしばしばである。

この血液検査のように一定の遺伝子検査が、社会的合意を経て日常的になされる日が来るのは間違いない。その場合、将来リスクを知りたくない人々のことも配慮して、人間ドックを経営する医療機関ではインフォームド・コンセントの視点からも遺伝子検査を「選択」メニューの中に入れている。

自らの病気予防に最も的確な予防方針を確立する前提は、自身の身体のことを正確に知ることである。それは現在の身体状態だけではない。将来の身体状況を予測できるなら事前に予防的措置をとることも可能になる。ただし心理面を十分に配慮する必要がある。

重篤な遺伝性疾患の発症が予測された場合、先ほども申し上げたように平常心でいられる人は少ない。例えば若年性の早期発症型アルツハイマーになる確率が極めて高いと診断されれば、精神状態に多大な影響を与える。それでも自身の体質や病気予想の正確なデータがあれば、後に紹介するように予防措置をとることも病気によっては可能である。

現在でも血液検査の結果をふまえて多くの人々は、食事療法によって食生活を改め、薬剤治療等を日常的に行って動脈硬化や肝機能障害などを予防・治療している。

もし遺伝的に肥満になりやすい体質が明らかであれば、肥満にならないような食事習慣をはじめとする食生活を子どものときから確立することによって、肥満を防止することもできる。動脈硬化や糖尿病は遺伝子検査でも予測することができる。

◎新たな知見によって病気予測を修正

こうした状況は遺伝子検査を受けるのに心理的抵抗が少なくなっていくことにつながる。ただ血液検査との大きな違いは遺伝子検査は発展途上の検査であるということだ。すべての学問がそうであるように血液検査も確かに発展途上であるが、その時々の検査結果に基づく診断が今後の新たな知見によって大きく変わることはほとんどない。

しかし遺伝子検査は新たな知見によって、検査結果による診断が大きく異なる可能性がある。特定の遺伝子に変異があれば発症する可能性の高い病気はたくさんある。それでもそれらの遺伝子変異がある人の中には、病気を発症しない人も一定の割合で存在する。それは他の遺伝子の働きと関わっていると考えられている。それらの遺伝子の存在が明確になるような発見があれば病気リスクが大きく変わる。

つまり遺伝子検査を受けて、検査結果による発病リスク一覧が届いても、日進月歩で進む遺伝子解析の新たな知見によって、予測の修正・更新が遺伝子検査機関から送られることになる。そうでなければ不十分な遺伝子検査に基づく診断が、多くの受検者を将来的にも拘束することになる。それだけではない。新たな遺伝子解析の知見は、受検者に新たな病気リスクを告知しなければならなくなる可能性も出てくる。遺伝子検査機関と受検者の間でどのような契約に基づいて遺伝子検査が実施されたのかによって、その後のサービスのあり方も変化してくると考えられる。

◎個人の違いを認めて予防医療へ

近い将来、全DNA配列三〇億塩基対の暗号情報を得られるようになれば、より一層医療のあり方も変化するだろう。個人の違いを認めて健康を保つ方法を指導する医療へと変化する。病気治療は今後も医療の重要な位置を占めることは間違いないが、病気にならないように予防医療が大きく前進する時代になる。つまりどのような病気になりやすいかがわかる時代は、病気予防の計画を立てることができる時代でもある。

自分の健康と命を守る正しい方針は、自身の身体の将来も含めた現実を正確に把握することである。それが遺伝子レベルでできる時代になってきたのである。

またこれからの予防医療はこれまでの予防医療よりも大きく発展する可能性が大きく、食生活をはじめ生活全般に関わる分野に影響を与えるものになる。今日でさえ先に紹介したように血液検査結果に基づいて食生活や運動習慣、睡眠の取り方などを指導されることは普通に行われている。それがもっと緻密に計画的に指導されるようになる。

さらにクリスパー・キャス9技術の進展等は、身体を手術する時代から遺伝子やDNAを手術する時代を招来させる。

現在、常識と考えられる予防医療としての方針が大きく変わることになるかもしれない。

進歩する遺伝リスクの研究は環境リスクの研究も大きく前進させ、健康を左右する環境条件を明らかにしつつある。

遺伝子による病気でもフェニルケトン尿症（脳の発達を大きく阻害する）のように高度の食事制限を行うことによって、一〇〇％予防可能な病気も存在する。そうした特定の遺伝子異常にともなう病気は、過去においては予防ができなかった。それらが予防できるようになったのは、遺伝リスクの解明にともなって環境リスクの解明が一層進んだからである。

特定の遺伝リスク因子と環境リスク因子が日進月歩で明らかになっていることによって新たな治療法や予防法が開発され、生活習慣などを調整することで多くの病気の克服につながっている。

◎新たなルールとシステムが必要に

上記のような急速な進歩は医療そのものを変えようとしている。いずれ個々人のＤＮＡ配列は適切に暗号化されたうえで電子カルテの一部になると考えられる。暗号化しないと電子カルテが流出した場合、究極の個人情報流出につながる。実際に日本でも二〇〇四年にある公立病院で六〇〇〇人以上の電子カルテが流出した事件が発生している。

情報技術の飛躍的な進歩が遺伝リスク因子の特定を加速し、電子カルテに多くの情報を保存できる時代を実現した。これらの進化は個人の全DNA解析を数時間と数万円で可能にした。これらの解析は民間検査会社でもできる。しかしこれら検査会社を監督する公共機関の体制は最も進んでいる米国でも不十分である。科学技術の進歩に社会的なシステムが追いついていない典型ともいえる。これらの進歩とシステムのミスマッチは、遺伝子差別をはじめ多くの人権上の問題を惹起する。それだけではない。倫理的、社会的、経済的、政治的、法的問題などを数多く生み出す。

例えばすべての人は遺伝的「欠陥」抱えて生まれてきている。それらの情報を知りたくないという人々も少なからず存在する。未来のリスクを知りたいという権利もあれば、知りたくないという権利も存在する。これらをどのような基準を作って判断していくのか極めて難しい問題である。また遺伝子解析は祖先の可能性についても明らかにする。

以上のような状況は、先述したように人権問題をより高度で複雑で重大な問題にする。安心安全の人権確立社会を築くためには、それらに確実に対応できるルールと社会システムが多くの分野で求められている。

第二章 情報技術の進歩とＡＩが与える影響

1 仮想現実の中での体験が与える影響

◎仮想現実を創造する技術

本章では「情報技術の進歩と人権」について考察していきたい。まず「ナノ技術」について触れておきたい。ナノ技術というのは、ナノメーター、一ミリの一〇〇万分の一の世界である。一五年以上前からその世界で文字が書ける時代になっている。これらの技術も情報化に拍車をかけている。その一つが、バーチャルリアリティー（仮想現実）の技術である。人間の視覚、聴覚、触覚等をふまえて、人工的に作り出した映像、音響、振動や重力を駆使して仮想現実を創造する技術である。

遊園地やゲームセンターに、実際には動いていない列車やジェット戦闘機、あるいはロケットがある。映像とコンピュータ、自在に動く座席などによって、あたかも暴走列車やジェット戦闘機に乗っているかのような気分になる。まだまだ映像や技術に不十分な点があるが、米軍などは高度なバーチャルリアリティーの技術を使って、戦場に派遣する戦闘機パイロットの事前訓練等を展開している。ある面では仮想現実と真の現実の境界がますます縮小しているということもできる。

「人生にもしもはない」といわれるが、バーチャルリアリティーの技術によって「人生のもしも」を仮想上で体験することができる。そしてそのバーチャルリアリティーの「もしも」が多くの積極面を生み出し、同時に消極面も生み出す。

テレビをはじめとする各種映像の内容がそれを見る人に、時に大きな悪影響を与えていることが報道されているように、バーチャルリアリティーなら、はるかにしのぐ影響を与える。

◎八万回以上殺人シーンを見ると

例えば、仮想リンチや仮想デートまで、技術的にはできるようになる。そのことが法制度に与える影響もまだ十分には検討されておらず、人の意識や心に与える影響もほとんど研究されていない。

かつて、国際法学者のオスカー・シャクターが「法は人の行為を変える。さらに心を変える」といったが、バーチャルリアリティーは法制度以上に「人の行為を変え、態度を変え、そして心を変える」といえる。これは積極的な面を持つ反面、人々の心にさまざまな否定的な影響も与える。仮想現実の中でのリンチ体験が人々の自制心に与える影響は極めて大きいといわざるを得ない。

仮に人権上すばらしい体験を仮想の現実の中ですることができても、それはあくまでも仮想であり現実ではない。これらが人の心にどのような影響を与えることになるのか、多くの問題点が存在する。かつて、アメリカの心理学者が、兵士などの心理状態を分析して、戦場などで八万回以上殺人シーンを見ると、人を殺すときにハエを殺すような気持ちで殺すことができると述べている。バーチャルリアリティーはそれを仮想の中で実現してしまうことになる。この説はあくまで研究発表であり、それが真実かどうか定かではないが、少なくとも多数の殺人シーンとの体験が同様の心理状態を生み出すことは十分予想できる。

◎心を変えるバーチャルリアリティー

人権問題は人の心の問題であるとよくいわれる。決して心の問題だけではないが、心の問題はその中の重要な問題であることは事実である。だからこそ心を大きく変える可能性を持つバーチャルリアリティーは今後の人権問題の最大の問題の一つといえる。バーチャルリアリティーを使えば、一層速くマインドコントロールができるようになってしまう。

ところで、バーチャルリアリティーの技術は否定面ばかりではなく、多くの積極面を持つ。世界の首脳が一堂に会さなくても、一同に集合して会議しているような仮想会議は可能になっている。たしかに実際に集まる場合との政治的効果はちがうものがあるが、各国首脳のコミュニケーションは一層深まるといえる。それは首脳だけではなく、NGOどうしのコミュニケーションも深化し、より一体的な国際社会が実現するといえる。現在でも多くの企業や組織でインターネットを使ってテレビ会議などが日常的に行われているが、より深く、広くいきわたるようになってきている。スマートフォン等の携帯端末の進化をみれば誰も否定できない。

一方、日常生活においても、たとえば仮想空間のスーパーマーケットや商店街、百貨店などで買い物をすることが日常的になっている。端末機の画面にあらわれる百貨店の中を移動しながら気に入ったコーナーを拡大し、商品を選び購入することがかなり前からできるようになっており、日進月歩の進化を遂げている。自宅に居ながらにして世界中のショッピングが楽しめる。移動に困難をともなう障がい者や高齢者の世界も飛躍的に広がる。このように仮想空間でのショッピングは仮想と現実（に買い物をすること）が結合されることによって、より境界がなくなりつつある。このように仮想空間と現実空間を日常的に移動する社会になっている。

◎情報工学は人間の意識を増幅

一方、電子空間上の差別や人権侵害に対して決定的な対処法がないのも事実である。情報環境が世界を変えたように、電子空間上の差別事件が事件の態様を変えるような状況になってきている。今、電子空間上ではさまざまな差別扇動をはじめ誹謗《ひぼう》中傷が飛び交っていることは周知の事実である。

情報工学が人間の意識を増幅しているように、人々の差別意識をも増幅しているといえる。機械工学の進歩は人間の筋力を限りなく増幅した。機械工学が進歩したことによって、人間よりも速く走る自動車、あるいは飛行機によって、人間の筋力を限りなく増幅してきた。日帰りで日本国内の多くの地域から東京へ行くというのも当たり前の時代になった。しかし機械工学が進歩して、人間の筋力が増幅したことによって、日常的には交通事故が大きな問題になった。人間同士でぶつかっても死亡することは少ないが、人間より速いスピードで走る車に衝突すれば重症をおったり死亡することも多くある。また戦争で桁違《けたちが》いの人が死ぬようにもなった。

情報工学の進歩によって意識が増幅され、より便利になった。例えば、電話を発明したベルには、自身の親族の中に家から出ることができない障がいを持った人がいた。その人といつでも話ができるようにということで、彼は電話を発明した。このように非常に素晴らしい面が存在する。反面、情報工学の進歩によって意識が増幅したことで、メンタル不調が増えてきた。情報工学は人間の意識を限りなく増幅させた。情報工学に支えられたバーチャルリアリティーをはじめとする情報技術革命は、人々の意識に計り知れない影響を与えている。そして意識の増幅は差別意識や邪悪な意識をも増幅させた。今まで公衆トイレにこっそり書かれていた差別落書きが、ネット上で書かれることによって桁違いに広がってしまった。情報量の飛躍的な増加がメンタル不調が増える一要因にもなった。

しかし人類は、この電子空間を十分に制御できていない。だからこそ多くの問題が起こっている。現代は人・物・金・情報が現実空間で動く時代から電子空間へと一体的に動く時代に入っている。犯罪捜査も、人・物・金が現実空間で動くことがベースであった。それらも大きな変革を迫られ、電子空間での対応も急速に進んでいる。先述したように電子空間では差別や人権侵害が事実上放置状態にある。また現実空間も多大な悪影響を被るようになり、新たな社会のルールを創造することが求められている。つまり電子空間をどう制御するのかという問題が提起されている。

2 AI搭載ロボット技術と未来社会

◎AI「ロボット時代」になる

さらに情報技術の進歩は、バーチャルリアリティーや電子空間だけではなく、ロボット技術をも大きく変えようとしている。そのロボット技術の進化が新たな人権問題を惹起する。

まず産業革命の歴史を概括すると、一八世紀の第一次産業革命のキーワードは「物質」で、キー製品は「鉄道」だといわれてきた。一九世紀の第二次産業革命のキーワードは「エネルギー」で、キー製品は「自動車」であり、第三次産業革命のキーワードが「情報」で、キー製品は「コンピュータ」であった。そしてこれから迎える第四次産業革命のキーワードは、「ゲノム」やAI（人工知能）といわれており、そのキー製品が何であるのかということが多くの企業や研究機関で模索されている。そのキー製品は多種多様なＡＩを搭載した「ロボット」ではないかと予測している。

現代を「コンピュータ時代」というなら、未来はコンピュータが進化したＡＩ「ロボット時代」ということができるかもしれない。今日ではあらゆる製品にＡＩが内蔵されており、サービス産業もＡＩなくして語れない時代に入っている。いずれロボットなくして語れない時代が到来することは間違いない。ロボットといっても二足歩行で歩く人型ロボットだけではない。あらゆる形態のロボットである。多くの人々はロボットといえば、どうしても二足歩行の人型ロボットをイメージしてしまう。ロボットを定義することは難しいが、人がやってきた頭脳的作業と連結した言動をともなう作業が行える機械と定義できるかもしれない。そうした定義をふまえれば多様な形をしたロボットをイメージできる。それが人間と合体したものであればサイボーグということになる。

サイボーグは人間と機械の合体であり、その頭脳は生身の人間の頭脳であった。しかしロボットは異なる。すべてが機械であり、頭脳的な部分も人間の頭脳ではない。サイボーグの行動をコントロールするのは生身の人間の頭脳というイメージが強いが、ロボットの行動を制御するのは遠隔操作をしている人間か、ロボットそのものである。強いていえば遠隔操作をされている機械をロボットということは少なく、私たちのイメージからも自律的に行動している機械をロボットとして認識している場合が多い。

◎多様なAIロボットが登場する

そうした認識からいえば単なる機械かロボットかの境界も極めて難しい問題だといえる。しかし今後IT革命の進化とゲノム革命の進化は、ロボット及びロボット産業を大きく発展させる。おそらくあらゆる形態、あらゆる目的、あらゆる機能を持ったロボットが登場してくる。

例えば多くの自動車メーカーは二〇二〇年代に自動運転車を発売すると公表している。人が運転しなくてもよい自動車である。目的地までか途中の運転を人に代わって運転してくれる自動車であり、ある意味では機械の頭脳で自動車を制御する自動車型ロボットといえる。すでに読者もご存じのように部分的な自動運転車は販売されている。夢のような自動車である。もしこの自動車が事故を起こした場合、民事上、刑事上の責任は誰が取るのだろうかと考えてしまう。車に乗車していた人なのか、それを販売した自動車メーカーなのか、販売を認めた行政当局なのかということである。自動車メーカーが販売するときの契約も変化すると考えられる。

しかしこれらの心配を凌駕《りょうが》する勢いで多種多様なロボットは製造販売されていくといえる。具体的には医療用ロボット、人肌のような介護用ロボット、教育ロボット、癒しロボット、買い物ロボット、家事サポートロボットなど、人間のあらゆる活動をサポートするロボットが登場してくる。

◎多様なセンサーの進化とロボット

それらのロボットは人の代わりに多くの仕事や活動をこなしてくれる。ときには危険な任務もこなしてくれる。原発事故現場に投入されたロボットを記憶している人も多いと思うが、これらのロボットは人間が行わなければならない危険な作業を代替し人間の命を守ってくれる。その他にも人間の心を癒してくれる話し相手ロボットも出現している。一人暮らしの高齢者がペットを飼うようにロボットと暮らす時代がくるかもしれない。未来のロボットはペット以上の役割を果たす。ペットのように餌をやらなくても電力だけで活動してくれる。それだけではない。高齢者ができない数多くのことを代わりにやってくれるだろう。先に紹介したように高齢者の介護を引き受けてくれるロボットや一人暮らし高齢者が自宅で倒れた場合、誰よりも早く救急車を要請し、買い物を代行してくれるロボットも出現するといえる。さらにいえばロボット自らがネット上に存在する健康診断に関するデータと健康状況を把握するセンサーによって、日々の高齢者の健康診断を行ってくれるロボットも登場するだろう。

すでに微量の振動を察知する八ミリ四方の超薄型センサーが開発されている。これらのセンサーは建物の内部を診断し耐震診断に使われるぐらい進化している。その他にもこれらのセンサーは人間の血流の微量な振動を察知することができる。そうしたセンサーを活用すれば、そのロボットと握手をしただけで瞬時に握手した高齢者の健康状況が把握されるシステムが開発されるかもしれない。そうしたデータと過去の症例データをプログラミングされたロボットは、ネット上の最新のデータにアクセスして予防や治療の方法を提示する時代がくるかもしれない。

このようなロボットに高齢者はどのような感情を抱くだろうか。自身の遺産をロボットに相続させたいといった意識が芽生えてきてもおかしくない。

3 多種多様な兵器ロボットが登場する

◎無人爆撃機からロボット爆撃機に

以上のような人間に役立つロボットは問題が少ないが、ある人には役立つが別の人にはまったく役に立たず、敵対するようなロボットでは多くの問題が生じる。その一つが兵士ロボットである。すでに開発されている無人爆撃機は攻撃用ロボットといえる。人間の形はしていないが、自動で戦場の上空を飛行し、自身の判断で爆撃対象を選択し実際に攻撃する爆撃機である。

これまでの無人爆撃機は地上で操作をしている人間の判断によって爆撃対象を決定していた。その判断をプログラミングされた無人爆撃機がプログラムに則って人間の判断を介さずに地上の人や建物を爆撃する時代が到来しようとしている。確かに初期のプログラミングをするのは人間であるが、その前提としてＡＩがこれまでのビッグデータを学習して攻撃基準に関する一定のルールを作り上げていく時代になってきている。しかしそのデータに基づいて判断するのは無人爆撃機である。無人爆撃機というよりもロボット爆撃機といったほうが正確である。まさにロボットが人を殺傷する戦争になってしまう。

これらの問題は私の専攻している国際法上の重要な問題に浮上している。人間の判断を介さずに人間を攻撃するロボット爆撃機を国際条約でいかに規制するのかという問題である。極めて重要な問題である。なぜならこの規制が成功しなければ、自らの判断で人を殺傷するあらゆるロボット兵器の製造につながるからである。たとえば攻撃用ロボットヘリ、ロボット戦車、ロボット特殊部隊兵士、ロボット自爆兵士など、数多くのロボット兵器に結びつくだろう。自動運転自動車の技術はロボット兵器にも転用できる。

◎超微小の要人暗殺用ナノ兵器

さらに先述したようにナノ兵器にも結びつく。超微小の要人暗殺用兵器が作られるかもしれない。そうした延長線上には映画の世界ではないが、意識のようなものを持つロボットや自律的に判断するロボット兵士が登場するかもしれない。

こうした時代が到来すれば、有能で多様な戦争用ロボットを製造することができる国が強固な軍事国家になる。

かつて未来学者のアルビン・トフラーが、『第三の波』という著書で予言したように権力の源泉が暴力（軍事覇権）から財力（経済覇権）に移行し、知力（技術覇権）になっていくと述べていたことがあった。少量の金属でもハイテク（高度技術）を活用して高度な戦争用ロボットを製作できる国が軍事覇権や経済覇権、技術覇権を握ることになる。まさに多様なロボットを製造できる国や企業が時代を制することになる。それはロボットと人間の関係も変化させる。

高度のロボット兵器を製作できる国は産業面でも大きく躍進する。ロボット時代ともいえる時代は、コンピュータがあらゆる製品を変えたように、あらゆる製品がロボット的機能を持つ。すでにそのような家電や製品が販売されはじめている。これらの動きがさらに進化する。このようなロボット時代はサイボーグ時代でもある。現在でも実用化されつつあるパワーアシストは、人間が装着し人間の筋力等を増幅する機械である。まさに人間と電子機器との合体であるサイボーグといえる。人の力仕事を軽減し重労働を容易にこなせるようになる装着機器である。これらは兵士用パワーアシストにつながっていく。

◎新たな段階に入った科学技術

以上で述べてきたようにロボット技術は、科学技術の進歩を新たな段階に突入させようとしている。これまでのほとんどの機器は人間が管理・操作するという共通点をもっている。鉄道や自動車を運転するのは人間であり、ジェット旅客機を操縦するのも人間である。進化したコンピュータを操作するのも人間である。しかしこれらの状況が変わりつつある。人間の操縦や運転から離れて機器自体が自律的に動く時代を迎えつつある。これまでは人間の一部の能力を代替するものが主流であったが、より人間の能力に近いものにしようとするロボット技術がさらに進化していくのである。

これまでの自動車に代表される動作技術とその動作をコントロールするコンピュータ技術の合体は、高度なロボット技術につながった。

例えばロボット自動車は多様なロボットの製作の基盤を形成していく。あらゆる外部条件や状況を察知して目的地まで自動車を操作するロボット技術は、多くの生活関連ロボットに結びつくだけでなく、戦争用のロボット戦車などにも応用できる。これらの技術は、情報技術革命が私たちの生活や産業を一変させたように、私たちの暮らしや人権状況を大きく変える。

◎ロボット三原則が現実の問題に

かつて作家であり、生化学者であったアイザック・アシモフが述べたロボット三原則を遵守《じゅんしゅ》することが、現実的な課題として突きつけられる時代が到来している。ロボット三原則の第一条は「ロボットは人間に危害を加えてはならない。また、その危険を看過することによって、人間に危害を及ぼしてはならない」というものであり、第二条は「ロボットは人間にあたえられた命令に服従しなければならない。ただし、あたえられた命令が、第一条に反する場合は、この限りでない」、第三条は「ロボットは、前掲第一条および第二条に反するおそれのないかぎり、自己をまもらなければならない」というものであった。

この三原則は現実のロボット工学にも影響を与えてきたが、これまではSFの世界の問題と考える人々が多かった。しかしロボット爆撃機が地上や艦船のコントロールセンターの判断を介さず自身の判断で爆撃するようになれば、まさにロボット三原則の第一条にある「ロボットは人間に危害を加えてはならない」原則を大きく逸脱することになる。それにともなって数多くの人権問題が浮上してくる。つまり本書の最大のテーマである人権問題がより高度で複雑で重大な問題になっていく。これらの現実は私たちの日常生活だけでなく、産業や医療、福祉、行政、政治を大きく変え、人権問題に多大な影響を与える。

第三章　ＩＴ革命・ゲノム革命と経済・戦争・雇用・差別

1　社会やビジネスを変えるＡＩとＩＯＴ

◎脳科学の進歩に支えられて

かつて拙著で二〇世紀における科学技術の「三大魔法？」と表現して、「魔法のエネルギー？」原子力と「魔法の頭脳？」コンピュータ、「魔法の生命？」バイオテクノロジーと紹介させていただいたことがあった。そして二一世紀のおける産業のキーワードは、「魔法の頭脳？」に関わる「ＩＴ革命」と「魔法の生命？」に関わる「ゲノム革命」であると指摘した。これらが今日、飛躍的に進化している。ＡＩ（人工知能）とゲノム解析・遺伝子操作・編集技術を飛躍的に進化させた「クリスパー・キャス９」はその際たるものである。ちなみにゲノムとはＤＮＡのすべての遺伝情報のことで、遺伝子と染色体から合成された言葉である。

これらの飛躍的な進化によって、遠い将来「人工知能の人工知能による人工知能のための政治」や、人工知能を搭載した「ロボットのロボットによるロボットのための政治」になってしまわないかと危惧を抱く人々もいる。あるいはゲノム革命の飛躍的な進化によって、一層の長寿が実現する可能性をもつ反面、活用の仕方を誤れば大きな災いをもたらすことになってしまう可能性も否定できない。

科学技術の進歩が、人類のマイナスにならないような社会システムを人類は創造すると考えているが、これまでの歴史を振り返ってみると大きなマイナスをもたらしたことも事実であり、その際たるものが科学技術の粋を集めた戦争である。人類を救う全能に近い「ターミネーター」のような人型ロボットは容易にはできないが、人工知能や人工脳の進化が、社会に多大な影響を与えることは間違いない。

これら人工知能の進化は、序章で述べた脳科学の進歩に支えられている。脳全体の仕組みを解明する日米欧などの国家プロジェクトには、一〇年間で数百億〜数千億円の予算がつぎ込まれてきた。それらの成果は人工知能研究に取り込まれ、人工知能の進化を一層促すことになった。

◎ⅠOTの時代とビッグデータ

一方でⅠOT（Internet of Things）の時代が到来している。文字どおりあらゆるモノ（機器）がインターネットにつながる時代になってきている。こうした動きも社会を大きく変えている。AIを作り上げる「機械学習」では、データから帰納的に規則を獲得する。これまでのように人間が設定したルールではなく、ビッグデータからAIが法則性を見つけ出し、その法則に基づいて各分野の判断や解答を導き出すようになっている。人間の脳に限りなく近づくといえる。AIは、今のところ人間のように多種多様な能力は備えていない。しかし各分野の専門能力では、現在のAIでも人間の能力を大きく超えているものも少なくない。それは囲碁や将棋の世界だけではなく、多くの分野でも証明されている。画像処理の優れた能力をもつAIの「皮膚がん専門医」の方が、人間の皮膚がん専門医よりも正確な診断をしたことなども紹介されている。

世の中のさまざまなモノ（機器）が情報を発信するⅠOTの技術と、機器が知的進化を遂げていくAIの技術によって、大量のデータを利用して、AIが的確な判断を下すようになる時代を迎えているのである。

これらにプラスして、ゲノム革命によって明らかになってきた日進月歩の遺伝子解明は社会に大きな影響を与えている。

◎飲料自動販売機の可能性

具体的に考えていこう。例えば国内にはおおよそ一〇〇万台の飲料自動販売機が存在している。この自販機にペットボトルや缶コーヒー等を補充しているのが大手の飲料製造販売メーカーである。これまでは補充する社員の経験等によって、適当な時期に飲料を補充するために、飲料を積んだ車を駆使して、自販機から飲料がなくならないように適時補充していた。しかし自販機によって売れる商品も量も大きく異なる。これらの自販機がＩＯＴによって、どの自販機でどのような飲料がどの時期・時間にどれくらい売れているのかを把握できることになれば、製造量や販売戦略、補充時期を決めていくときに極めて重要なデータになる。

すでに飲料メーカーは、これまでの経験によって、どの自販機にどのような種類の飲料をどれだけ補充するのかということを十分に考慮して経営方針を立案しているが、それが先に紹介したビッグデータと人工知能の判断能力によって、より最適の販売戦略や補充方針を立案することができるようになる。それは多くのムダをなくすことにもつながる。

それだけではない。輸送ルートも最も効率のよい方法を人工知能は提案することができるようになる。その中にはビッグデータの解析によって、道路の渋滞情報等を考慮した提案になってくる。これらの経験を人工知能が積み重ねていくことによって、イベント情報や天候、人々の嗜好の変化等も敏感に感じ取った製造・販売戦略を立案していくだろう。

さらに同じ場所に並んでいる複数の自販機でも、人々の行動習性によって売れ行きが異なる。そうしたデータは自販機をどの場所に置けば、より売上を伸ばすことができるかの判断データを提供することになる。また同じ場所に複数台あった自販機の増減判断にも影響を与える。これらは社会的課題の解決にもつながっていく。輸送の効率化はエネルギーコストを抑え、二酸化炭素の排出も抑制できることになり、地球温暖化防止にも貢献できる。

◎全国一〇〇万カ所のデータ拠点

また自販機の活用方法も多様になっていくと予想される。自販機には電力も通じており、明るさも備えている。非常時に多くの飲料を市民に提供する機能を備えている自販機はすでに存在するが、携帯電話やスマートフォンの充電を可能にすることもできる。すでにAED（自動体外式除細動器）を装備している自販機も存在しているように救命にも役立つ機器になっている。IOTの時代には販売拠点をはじめとする多くの拠点機器としての役割を果たすことができきる。自販機に温度計や湿度計、地震計など多くのセンサーを取り付けるだけで全国一〇〇万カ所のデータが入手できる。

これらの変化は飲料の製造・販売メーカーの業態も変える可能性を含んでいる。これまでも多くの企業がその得意分野を活用して業態を変化させて発展してきたように一〇〇万台の販売拠点をもつ飲料メーカーが、それらの販売拠点を活かして新たな業種へチャレンジすることは十分に考えられる。逆にAIの技術でIOTや省エネ分野で自販機に貢献した企業が、それらの技術を駆使して飲料の製造・販売企業との連携をさらに加速させる可能性も考えられる。

あらゆる業種・業態でも同様のことが起こり得るということである。そうした意味でIOTは、センサー情報を活用してより効率的に業務を進めるという範囲を越えて、事業基盤そのものを変化させ、社会のあり方そのものを大きく変革させる可能性を含んでいる。すでにグーグルがAIの活用などを中心に自動車業界をはじめ多くの分野へ参入している事実は、以上のこと顕著に物語っている。こうしたことはグーグル以外の多くの企業でも起こっている。

2　各種分野のあり方を変えるＡＩと人間

◎ゲノム革命の成果が医療を大きく変える

これらにゲノム革命の成果が加われば医療も大きく変わる。米国で個々人の全遺伝情報を暗号化して、カルテに挿入する計画が進行していることはすでに述べた。それが実現され、医学や医療のデータベースがより整備されれば、自身の体質と症状をふまえて、ＡＩの「総合医」がかなりの精度で診断し、必要な治療法と処方すべき薬を提案してくれる時代が訪れることになる。そうした診断結果を持参して、医師への面談という時代が来るかもしれない。人間の医師もＡＩの「医師」や巨大医療データベースとアクセスしながら診断を行い、治療方針を決める時代になっていくと予想される。多くの医師はＡＩの各種「専門医」に画像診断等を依頼し、それらの正確な診断結果をふまえて、治療方針を患者の意向とＡＩ「専門医」との意見や診断をふまえて判断していくことになる。医師の役割や医療のあり方も大きく変える可能性をもつ。さらに誤診も減少させることができる。もちろん上記のような状況を可能にするためには法改正が必要になる。

こうした技術はあらゆる分野に広がっていく。例えばＡＩの進化によって、自然言語処理の能力が高まれば多くの文書を読みこなし、それらのデータを分析し、多くの提案を行うことができるようになる。さらに多くの研究成果や文章の要約もしてくれることになる。

編集者の仕事も大きく軽減される可能性も出てくる。翻訳分野でも自然言語処理の大きな進化は同時通訳の自動化にも大きく貢献している。すでにマイクロソフトのインターネット会議システム「スカイプ」では、スペイン語と英語の同時通訳の自動化を実現している。このような大きな社会変革をともなう時代は、多くの人々の仕事をはじめ人生に圧倒的な影響を与えている。

◎多くの家電と会話する時代へ

六五歳以上で一人暮らしの男性の一六・七％は二週間に一回以下しか会話をしないというデータがある。こうした人々も、インターネットにつながった自然言語処理能力を備えた多くの家電（例えば冷蔵庫）と会話し、夕食の献立をアドバイスしてもらっているかもしれない。さらに人権分野でも多様な利用が考えられていくだろう。一方で邪悪な利用のされ方で多くの問題を社会に惹起しているかもしれない。後述するように、その萌芽的な事実は発生している。だからこそIT革命やゲノム革命の分野以外の法学や政治学、社会学、哲学、経済学、経営学、心理学、宗教学など多様な視点での議論が求められているのである。そうでなければ科学技術の進歩が多くの人々を幸せにすることはできない。

先にAIが進化することによって、「AIを搭載した『ロボットのロボットによるロボットのための政治』になってしまわないかと危惧を抱く人々もいる」と述べたが、超長期的な時代は別として、多くの理由でそのようになることはないと考えている。ただし中長期的に危惧していることがある。それはAIを悪用する人間の存在である。AIロボットが人間を征服するといった未来社会を予測する科学者も少なからずいるが、AIロボットが人間を征服する理由や目的を想像するのは難しい。より正確にいえば、AIが人間に脅威を与えるというよりも、AIを悪用する人間が脅威を与えるといえる。

また技術的にもターミネーターのようなロボットを製作することは極めて難しい。人間と同じような多様な能力を持ったロボットを創造するのは簡単ではない。ロボットは生物ではなく、自身と同じ種を残すこともできない。厳密にいえば、「AI」や「人工脳」はまだできていない。定義の仕方によって異なるが、本書ではAI的なコンピュータを「人工知能（AI）」と表現している。

◎人間と同じようなAIロボットはできるか？

例えば人間と同じようなAIロボットを創るには相当な困難をともなう。一つひとつの能力はAIのほうが優れていくだろうが、その一つひとつを合体させた総合力を持つロボットや、多くの感情や本能などを持ったロボットは容易にはできない。いずれ自動運転分野では、人間の運転技術をはるかに凌ぐAIやセンサー技術を搭載した自動運転車ができることは確実であるが、同じAIロボットが海に行って船舶やマリンジェットを操縦したりすることはできない。

またそのAIを搭載したロボットが、歩いたり走ったり、海やプールに行って泳いだり、時にはスキューバダイビングを楽しんだり、冬山に行ってスキー滑走を楽しむこともできない。さらに指先を器用に使って、機器を修理することもできない。多くの人々の前で講演したり、困っている人の相談にのったり、研究や教育を行うことも十分にはできない。まして視覚、聴覚、触覚、嗅覚、味覚などを動員して、総合的に物事を把握することも今のAIにはできない。最新の人体科学の進化で人間の多くの臓器や筋肉、骨等が脳を介在させずに他の臓器等に指令を出していることがわかってきている。AIには臓器も存在しなければ、筋肉等も存在せず、人間の脳のように多くの身体の器官や感覚器官からの刺激を受け取ることもない。

◎AIロボットは意思や本能を持つか？

ただし以上の一つひとつは例外的な分野を除いて、それに特化したAIロボットのほうが、人間より優れていくことは確実である。それらの特化した能力を人間の幸せのために活用すれば、AIは人間に大きく貢献できる。つまりAIが問題になるのは、中長期的にはそれらの「知能」を悪用する人間に問題があるからだといえる。

このようにAIの問題を考えていくと、以下のように人間とは何なのか、AIとは何なのかと考えざるを得なくなり多くの疑問がわいてくる。AIロボットは意思や本能を持ち権力欲を持つのだろうか。あるいは恋愛感情や好奇心を持つのだろうか。またAIロボットは人間のようにルールを破ったり、差別をしたり、ねたみ意識を持ったり、喜怒哀楽の感情を持つのだろうかと疑問は大きく膨らむ。少なくとも食欲や性欲はその構造上持つことはないだろうと考えられる。しかし擬似的な「欲」は持つかもしれない。

こうしたことを突き詰めていくと人間とは一体何だろうかという疑問につながっていく。もしAIロボットが中心となるような社会になれば、どのように経済が回っていくのだろうかと想像すれば、人間社会とはまったく違った社会になると考えられる。少なくとも食に関係する仕事はなくなってしまう。

さらにＡＩロボットが人間と同じように主体的に戦争をするのだろうかと考えていけば、何のために戦争するのか、その理由や目的は想像しにくい。かつて『戦争論』を著したクラウゼヴィッツは「戦争とは他の手段を持ってする政治の継続」であると述べたが、ＡＩロボットによる政治が考えにくいように、ＡＩロボット同士の戦争も考えにくい。しかし人間の代理としてのＡＩロボット同士の戦争は、現実問題として浮上している。

3 テロや戦争の様相を変えるＡＩとサイバー戦争

◎戦争に圧倒的な影響を与えるＡＩ

第二次世界大戦が明らかにしたように、科学技術の進歩で勝っているほうが戦争に間違いなく勝利する。もしナチスドイツが米国より先に原子爆弾を開発していたら、間違いなく英国や米国に原子爆弾を投下しただろう。そうすれば第二次世界大戦の戦局は大きく変わり、その後の世界はまったく違うものになったかもしれない。

現在のＡＩ的なものがさらに進化し、本来の「ＡＩ」や「人工脳」になれば、戦争にも圧倒的な影響を与える。近年の戦争は国家と国家の戦争という形態から大きく変貌している。大規模テロはその際たるものである。二一世紀に入ってますますその様相を顕著に示すようになった。最近では毎月のように世界各地でテロが繰り返されている。自爆テロの報道に触れるたびに、AIロボットによるテロの可能性は現実のものとなりつつあることを自覚させられる。自動運転車に爆弾を積めば、テロ攻撃の目的地まで人が乗らずに確実に行き着くことができ、自爆テロと同じことが人が自爆せずにできるようになる。AI操縦の戦車やヘリコプター、ジェット戦闘機もいずれ投入されていくだろう。それはAI自らの判断ではない。生身の人間の判断によってなされていくのである。しかしそれは人間の争いをさらに激化させる。邪悪な国家やテロ集団がAIロボットを操ればテロの恐怖はさらに増す。それは核兵器という当時の科学技術の粋を集めて作った兵器が使われた惨劇をみれば説明する必要もない。

◎サイバー戦争はすでに行われている

すでに現在の戦争に電子空間やAIをはじめとするIT革命が大きな影響を与えている。これまでの軍隊は陸軍、海軍、空軍が主力であった。しかし二〇世紀の最終段階でサイバー（電子）統合軍がいくつかの国で創設され、戦争のあり方を大きく変えている。変貌する戦争は国際政治や国内政治も変えようとしている。

戦争の多くは情報戦であり、実際に戦闘行為に移行してからも情報の持つ意味は限りなく大きい。それは第二次世界大戦でいう自国内や敵国への情報操作だけの問題ではない。陸海空軍を効果的に戦術に組み込むためにも情報連携は極めて重要であり、そうした情報網を担っているのもIT革命の成果であるAIやインターネットである。それだけではない。敵国の情報網やインフラに打撃を与えるだけで戦力を無力化することもできる。国家によるサイバー戦争はすでに行われている。主要機関に対するハッキングやサイバーテロはその証左である。今日、多くのハッキングがメディアで報道されているが、それらの行為が国家的な仕業であることも明らかになっている。経済や政治、社会の混乱はそれらによって容易に現実のものとなっている。二〇一〇年に米国・イスラエルによる有害なソフトウェアである「マルウェア」でイランの核施設への攻撃が行われたことは、そのことを顕著に物語っている。

◎サイバー攻撃には宣戦布告もない

核兵器の登場も戦争の様相を大きく変えたが、IT革命にともなう科学技術の進歩もそれ以上の影響を与えようとしている。核兵器の開発は高度な科学技術と多額の財源を必要とするが、サイバー攻撃は高度な科学技術も多額の財源も必要としない。

それは財政力や経済力のない国家やテロ集団でも可能であることを示している。これらサイバー攻撃の技術が急激に拡散しているのが現実である。すでにサイバー攻撃を無数に展開している国家も存在している。しかしそれらに対する防御やセキュリティは難しく多額のコストを必要とする。これらのサイバー攻撃には宣戦布告もなければ、いつ終了したかもわからず、現在のところ国際的なルールとしての戦時国際法も存在しない。

さらにＡＩは戦争の様相を根本的に変えようとしている。現在、多くのメディアで報道されているように無人爆撃機が実際の戦争や紛争で兵器として利用されている。これらの無人爆撃機に対して地上の攻撃目標に攻撃命令を出しているのは、地上の施設でコンピュータを操作している要員である。彼・彼女らは戦闘現場にはおらず、平和なエリアで任務を遂行しているだけである。それでも自ら命じた爆撃によって、多くの戦闘要員でない子どもを含む人々が亡くなったことを知ればＰＴＳＤ（心的外傷後ストレス障害）になる者もいることが報告されている。そうしたことも相まって、攻撃目標を人が命令する無人爆撃機からロボット爆撃機に切り替える方向も打ち出されようとしている。一言でいえば、これまでのビッグデータで深層学習したＡＩを搭載したロボットで、多くの人々を殺傷しようとしているのである。一般的にキラーロボットと呼ばれているが、すでに開発が進んでいる。

◎顔認証システムを搭載したＡＩドローン

ＡＩを搭載した自動運転車が、二〇一〇年代に入った頃から実用実験の段階に入っていることは周知の事実であり、それらは容易にロボット戦車や多様なロボット兵器に転用できる。例えばＡＩを搭載したロボット爆撃機に顔認証システムを搭載したロボットドローンが格納されているとしよう。レーダーに察知されないステルスロボット爆撃機でテロ対象要人がいるとされる近くまで飛行し、先のロボットドローンを放出して要人の近くまで飛行し、暗殺することもできるようになるだろう。

これらは陸海空のすべての兵器を間違いなく変貌させ、ＡＩを利用したサイバー攻撃ロボットにもつながっていく。それは戦争のあり方を根本的に変え、結果として国際政治や国内政治に多大な影響を与える。いずれ敵のＡＩを混乱・破壊させるサイバー攻撃も行われることは避けられないといえる。最も優秀なＡＩをどの国や集団が開発するかが、戦力に圧倒的な影響を与える時代になる。グーグルやフェイスブック、ツイッターのような情報システムやデジタルシステムを構築したプラットフォーム系事業者が急速に発展している状況をふまえると、戦力もＡＩの開発やサイバー攻撃に長じた国や集団が大きな力を持つといえる。

かつて核兵器の出現が、核戦争において勝者も敗者もないという「相互破壊確証」という状況を生み出した。ＡＩの進化も国際情勢に多大な影響を与える。先に述べたように二〇一四年五月にはジュネーブで「非人道的兵器を規制する特定通常兵器使用禁止制限条約」を基盤とした非公式の「ロボット兵器の規制を検討する国連会議」が開催され、その会議で人間の判断なしに人間を殺傷するロボット兵器の開発を禁止すべきとする声明が採択された。二〇一七年には公式会議として開かれている。このように国際政治にも大きな影を落としはじめている。

4 経済・雇用・差別問題等にも圧倒的な影響を及ぼすＡＩ

◎一〇〇万分の一秒のスピードで

以上のようなことは国際政治の分野だけではない。国際経済の分野においてもＡＩは経済に多大な影響を与えている。その一つが現代社会の経済活動で重大な位置を占めている金融取引である。今日の金融市場では、取引の大半をＡＩが行っている。強いていえば大半というよりも、九割を超えるほどんどの取引にコンピュータが使用されて行われていると指摘する専門家もいる。こうした状況下で、私たちが想像しがたい取引が実際に行われている。

高頻度取引（ハイ・フリークエンシー・トレーディング＝ＨＦＴ）といわれている取引手法があ

る。コンピュータが自動的に高速スピードで売買を行う取引である。「ナノ秒」の世界で売買が行われている。「ナノ秒」とは、一〇〇万分の一秒で、一ナノ秒で光が進む距離が約三〇〇メートルである。一〇〇万分の一秒から一〇〇〇分の一秒のスピードでの戦いになっている。例えば米国市場と英国市場で一瞬でも価格差が生じたら、その価格差を利用して利益を得る取引である。当然その判断もＡＩが行っている。人間が判断できる時間ではない。私たちは音速のマッハでも極めて速いと認識しているが、光はその約九〇万倍のスピードである。しかしこれらを活用している人は確実に利益を上げることができる。

◎臨機応変な人間の判断に近づく

こうしたスピード判断ができるＡＩは、特化した分野に関しては人間の能力をはるかに凌駕する。先に述べたように人間の脳内の神経回路網を工学的に模倣したＡＩ「ディープ・ニューラルネット」が創られ、その最先端がディープラーニング（深層学習）なのである。先に述べたように従来のＡＩでは、人間が決めたルールに沿ってコンピュータ側が最適解を選び出していたが、ディープラーニングでは、コンピュータ自身が物事の判断基準となるルールを見つけ出す。人間と同じように見るもの、聞くもの、触れるものすべてが経験値となり、臨機応変な人間の判断に近づくといわれている。コンピュータが自分自身で学び、ロボットに組み込めば認識能力が飛躍的に向上する。

例えば自動運転車の技術の鍵は、センサー技術とＡＩである。そのＡＩが人間が自動車運転で行う「認知」「判断」「操作」を行えば、上記の高速取引のように人間よりもはるかに早く「認知」「判断」「操作」を行うことができる。

二〇一六年、自動運転車の事故が米国で報告されたが、人間が運転するよりもはるかに少ない事故率である。グーグルが行っている自動運転車の公道実験では、二〇一四年までに一六一万キロメートル、地球四〇周分を走行し、事故は一回だけで人が運転していたときと、赤信号を待っていたときに人が運転する自動車に追突されたときだけだと報告されている。二〇一五年から二〇一七年にはグーグルは自社開発の数多くの自動運転車で、すでに六五〇万キロメートル以上の公道実験を行っている。現在では量と質ともにさらに進化した公道実験が行われている。こうした技術があらゆる分野に組み込まれていけば社会へのインパクトは限りなく大きくなる。

◎差別問題にも計り知れない影響を

経済と密接に関連する政治、文化、教育、雇用、労働、医療など多くの分野にも多大な影響を与える。差別問題にもすでに計り知れない影響をもたらしている。差別の負の連鎖を考えればその影響は明白である。差別の結果が就職や雇用条件を低位なものにし、それらの低位性が経済の低位性に結びつき、経済の低位性が生活水準の低位性を生み出した。さらに生活水準の低位性が教育水準の低位性につながり、教育水準の低位性が雇用条件の低位性という負のサイクルを構成してきた。これらが世代を超えて移転されてきたことが差別問題の解決を困難にしてきた。貧困層の家庭に生まれてきた子どもたちは、次代の貧困層の予備軍でもあると指摘されていることも同様である。最近では所得水準による健康格差も指摘されるようになった。

そうしたなかでも差別問題に最も関連しているのが雇用と教育である。英国デロイト社の二〇一四年報告によると、今後二〇年間でＡＩを搭載したロボット（機器）に英国の三五％の仕事が取って代わられると指摘されている。この発表の予測がどこまで正確か定かではないが、とりわけ年収約五五〇万円（三万ポンド）未満の人々は、年収一八〇〇万円（一〇万ポンド）以上の人々と比較すると、ＡＩを搭載した機器に仕事を奪われる確率が五倍以上高いと報告されている。

以上のことが現実になれば、現在の格差はさらに拡大する。格差拡大社会は差別撤廃にとって悪影響を与える。また仕事そのものが奪われて再就職できなければ失業状態が続くことになる。仕事は経済的収入を得るだけでなく、個々人にとって人間的尊厳の基盤であり、誇りと密接に結びついている。失業は精神的にも多大なマイナスの影響を与える。しかしＡＩに仕事を奪われた人々の再就職は極めて難しい。なぜなら再就職先として考えられる仕事内容も、ＡＩに取って代わられている可能性が高い。雇用の流動性を確保するためには、多くの人々が新たな職業能力を身につけなければならない。それは容易なことではない。

◎ＡＩに奪われる三五％の仕事

これらの現実は先に示した差別の負の連鎖が、より一層助長されることを意味する。ＡＩに奪われる三五％の仕事に就業している人々は、労働者人口の三五％より多い。また、雇用環境の急速な変化は専門職の位置づけも変える。例えば将来、一級建築士という高度な専門職も「一級建築士スマートロボット」に仕事を奪われたり、ともに仕事をする時代になる。そうなれば人間の一級建築士の人数は現在よりもかなり少なくてすむ。それは一級建築士という仕事が事実上ロボットに奪われることになる。

法律の分野でも同様のことが米国で起こっている。訴訟時の証拠閲覧支援にＡＩが活用されている。米国には弁護士の仕事をサポートするパラリーガルという職業がある。パラリーガルは訴訟時等にその訴訟に関連するメールやビジネス文書を調査し、訴訟に有効な資料等を確認・収集したりする。それらの仕事をＡＩが高速のスピードで行うことによって、パラリーガルがしなければならない仕事を代替している。それらはパラリーガルという仕事を人々から奪い、弁護士の仕事を軽減させる。事実上弁護士の人数を少なくすることにつながる。

例えばこれまでなら企業の大型合併や買収時にローファーム（大手弁護士事務所）が一〇〇人規模の弁護士を投入していたが、ＡＩがさらに進化すれば、これらの弁護士数もかなり減少する。これらの傾向は会計分野でも同様である。『機械との競争』を書いたアンドリュー・マカフィー氏は、米国では会計士や税理士などの需要がこの数年で約八万人も減少していると指摘している。こうした現象は多くの専門職でも同様である。まさにスマートロボットが無数に存在する時代が私たちを待ち受けている。

◎記者が執筆していた原稿をＡＩが

すでにメディアの分野でも、これまでは記者が執筆していた原稿をＡＩが執筆している。米国ＡＰ通信は企業決算報告の記事を二〇一四年に導入したＡＩが作成している。各企業の売上高や営業利益などの数字情報に基づいて、新聞雑誌などの三〇〇字前後の記事を自動的に作成し、ＡＩ導入前の一〇倍以上の記事を配信している。スポーツ新聞の記事も天気予報の記事も同様である。データを入れるだけで自動的に記事を作成してくれる。

日本国内においても、二〇一六年八月二五日の毎日新聞で、入社試験でＡＩが活用されるようになることが紹介されていた。応募者の書類選考を人間の代わりに行うＡＩをＮＥＣが開発し、人材紹介会社など三社程度が導入しているという記事である。その記事によれば「過去に採用した社員の履歴書などをＡＩが学習し、企業が求める人材の傾向を分析、合致する志望者を選び出す仕組み」である。その他にも人事評価用や書類判断用のＡＩ開発も始まっている。これらのＡＩは結婚マッチングビジネスなど多くの分野でも活用されるだろう。最終的には採用も書類判断も人間の判断が必要になるが、人事をはじめとする多くの仕事が軽減されることは間違いない。それは人間が行う仕事の減少にもつながる。

さらに英国オックスフォード大学の二人の研究者の報告では、今後一〇～二〇年ほどでＩＴ化の影響によって、米国七〇二の職業のうち、約半分が失われる可能性があると指摘されている。この研究は七〇二の職業を「手先の器用さ」「芸術的な能力」「交渉力」などの九つの性質に分解し、これから一〇年でなくなるかどうかを予想したものである。こうした研究報告は、急速に多くの職業が人間の手から離れ、ＡＩを搭載した機器等が代替することを物語っている。

第四章 AI及びゲノム革命と医療・教育・政治・社会の変化

1 医療や教育のあり方も大きく変えるAI

◎患者の治療方針を示すAI「ワトソン」

医療環境もAIが大きく変え、医師の役割も変化し、医療や介護用ロボットも大きく進化させつつある。すでに患者の治療方針を示すAI「ワトソン」は、専門の医学誌四二誌のデータや臨床医療データ、六〇万件に及ぶ医学的根拠、一五〇万人分の治療カルテから学び、より的確な判断ができるように進化している。二〇一六年八月五日の毎日新聞で、「診断が難しい六〇代の女性患者の白血病を一〇分ほどで見抜いて、東京大医科学研究所に適切な治療法を助言、女性の回復に貢献していたこと」が報道されていた。記事の中で「女性患者は昨年、血液がんの一種である『急性骨髄性白血病』と診断されて医科研に入院。二種類の抗がん剤治療を半年続けたが回復が遅く、敗血症などの危険も出た。そこでがんに関係する女性の遺伝子情報をワトソンに入力すると、急性骨髄性白血病のうち『二次性白血病』というタイプであるとの分析結果が出た。「ワトソン」は抗がん剤を別のものに変えるよう提案。女性は数カ月で回復して退院し、現在は通院治療を続けているという。

東大とＩＢＭは昨年から、がん研究に関連する約二〇〇〇万件の論文をワトソンに学習させ、診断に役立てる臨床研究を行っている」と記されていた。

現在、患者の遺伝情報から関連する病気や治療法を一括で調べられるデータベースの構築を国立研究開発法人・日本医療研究開発機構が始めたことが報道されていたが、こうした研究も医療や医師のあり方を抜本的に変える。今後、超高齢化社会の中で医療や介護人材の不足が重大な問題になっていくことは明白であるが、医療「ワトソン」が状況を大きく変える可能性もある。

◎ＡＩ「医師」と人間医師が共同で

医学教育のあり方にも多大な影響を与える。医学に関する講義内容もＡＩ「医師」や医療データベースが進化することによって、大きく変貌するかもしれない。具体的にいえばＡＩ「医師」や医療データベースをどのように活用すれば、診断をより正確なものにすることができるかを学ぶことも必要になるだろう。ＡＩ「医師」と人間医師が共同で患者の診断をする時代が来るといえる。

こうした時代の先端を担っていく医学研究関係者には、データサイエンティスト的な能力も強く求められる。データサイエンティストとは、簡潔いえば統計学、コンピュータ科学、データ分析を駆使して、膨大なデータを整理して、必要な情報となるように解析結果を導き出すプロフェッショナルのことである。先に紹介した東大医科研の診断も上記のような能力を発揮しつつ、より正しい診断につながったといえる。

こうした現実は医学教育だけでなく教育環境全体も根本的に変える。科学や技術の進歩が加速すれば、受けた教育の意味は間違いなく軽くなる。「ワトソン」をはじめとするコンピュータが、人間の言葉をさらに正確に理解できるようになれば極めて早いスピードで人類の知識を吸収していく。そのとき私たちは教育の中でどのような情報をどのような形で伝えていくことが求められていくのか。早急に考えなければならない。

◎ＡＩが教育の姿を大きく変える

上記に述べてきた医療、雇用、教育などのあり方が大きく変わることは、軍隊教育も同様である。例えばサイバー（電子）統合軍が重視され、サイバー攻撃を日常的に行い、高度な機密情報を奪い取る行為が行われているような現代の兵士に求められる能力は、これまでの強靱な肉体を鍛えることから電子戦やＡＩを搭載したロボット兵器を最適に駆使できるようなものになりつつある。これらは兵士の教育・訓練の内容や手法も大きく変える。現実的にはバーチャルリアリティー（ＶＲ・仮想現実）を駆使したシミュレーション訓練がかなり前から行われている。このようにあらゆる分野の教育も大きな影響を受ける。

例えば機械工学の象徴的な製品である自動車もＡＩの進化によって、自動運転車が日常のものになれば、自動車運転教習所の教習課程にも大きな影響を与える。いずれ人々の音声による指示で自動運転車が動き出す時代を迎える。自然言語を理解するＡＩが進化すれば、人々の音声による指示に反応して家電も操作できる時代になりつつある。自宅で寝ころびながらエアコンに自然言語で指示を出せば、その指示どおりにエアコンが室内温度や風の強さを調節する時代になってきている。文字認識や自然言語認識がさらに進化すれば、ＡＩの知識は加速度的に増強する。それは教育の姿を大きく変える。

◎意識や知識を限りなく増大させる

ＡＩの進歩は人間の意識や知識を限りなく増大させる。どんなに優秀な頭脳を持った人でも、一定分野の情報分析や記憶力、判断スピードではＡＩにかなわない。

先述したように大学医学部で教えている教育内容の多くをＡＩに代替させることができるようになってくる。それらを医師を目指す医学生に暗記させる必要があるのだろうかという議論は必然的に起こってくる。そのような時間を取るぐらいなら、ＡＩ「医師」を活用して的確な診断・治療ができるように、ＡＩ「医師」を活用する方法や、そのための能力養成をカリキュラムに入れた授業内容にしたほうがベターではないかといった意見は大きくなる。そのほうが医師としての診断・治療能力は高まるのではないかという声は必ず出てくる。

医学の進歩が急速であればあるほど医学部で学ぶ教育の重みは軽くなる。現在の医師もそうであるが、進化する医学知識を吸収していかないと十分な医療を患者に提供できない。だからこそ多くの医師をはじめとする医療関係者は日夜学んでいる。そうしたことができる基盤的な教育内容こそが、大学医学部で重要なのではないかという声はますます大きくなるといえる。またＡＩを活用した研究は、医学研究を加速度的に進化させる可能性を持っている。そうした研究によって得られる研究成果や知見は、日進月歩のスピードである。そしてこれらの研究成果や知見をＡＩである医療「ワトソン」もビッグデータとして人間医師よりも早いスピードで吸収していく。

◎ＡＩ医師にネットでアクセスできる？

こうした現実も医学教育のあり方を抜本的に変える。それだけではない。手術等に使用される医療機器の扱い方も、ＡＩを搭載した医療機器になればさらに進化し、より精密で的確な手術を行うことができるようになる。

さらにＡＩの自然言語認識能力が進化していけば、医師と患者の会話や問診を聞き取り、それらをビッグデータとして学習し、さらなる進化を遂げ、より的確な診断と治療方針の提案に結びついていく。これらのＡＩ「医師」にネットでアクセスできるようになれば、身体の状況に異変を感じた人々が、パソコンやスマホに向かって症状を説明すれば、ＡＩ「医師」が問診を行い、一定の診断をしてくれる時代に入る。それには法制度をはじめとする社会システムやルールを変えていく必要がともなうことはいうまでもないが、確実に進んでいく。自宅や職場にいながら、自身の症状への的確な診断がなされ、何科の医師に相談すればよいのかといったことに回答を与えてくれるようになる。さらにその分野で優秀な治療効果を上げている有能なスーパードクターを紹介してくれる時代になる。これらは医学教育だけではなく、医師の仕事内容や医療に関わる社会システムを大きく変えていくことにつながる。

◎仮想現実の技術が教育を変える

また医学教育の手法も変えていくと考えられる。先に述べたようにAIの進化はバーチャルリアリティーの技術も大きく進化させている。医学教育では一、二回生ぐらいで人体（献体してくれた方々の遺体）の解剖実習も行われる。これらもバーチャルリアリティーで代替される時代が来るといえる。国によっては以前からそうしたバーチャルリアリティーは活用されている。実際の手術を行うことができない医学生や新人医師は、多くの先輩医師の手術を見学することで学んでいる。もしバーチャルリアリティーの技術を駆使して、現実の患者を前に置いて手術をするのと同じような状況で教育・訓練ができれば、手術の技量はこれまで以上に向上すると考えられる。

これらは医学教育以外の分野でも同様である。例えば英語学習で自然言語認識や文字認識が進化したAIを活用すれば、教育手法もより効果的なものが可能になる。会話したくなるようなキャラクターと会話をしながら英語を学ぶことができれば、子どもたちの英語理解も深まる。それ以上に音声による自動翻訳がＡＩによって進化すれば、語学学習の必要性や意味も変わる。ＡＩの進化は私たちが予想する以上にすべての教育分野を構造的に変化させる。それは人権教育や差別撤廃教育も例外ではない。以上のことをふまえた準備が早急に求められている。

◎大量の個人情報流失問題が

ところで機械工学の進歩によって、私たちの筋力は限りなく拡大し、日常生活も大きく変化した。江戸時代の人々は、私たちが日常的に行っている大阪―東京間を仕事のために日帰りで往復することは想像だにしなかったといえる。

これらは新幹線やジェット機という乗り物に支えられている。江戸時代であれば東京―大阪間は徒歩で二〇日間ぐらいはかかった。早馬でも三日は要した。それが一～二時間で行けるようになった。これらはすべて機械工学の進歩がなければ実現しなかったことである。その反面、戦争では大量の人々が戦死するようになり、日常生活では交通事故死が急増した。

今日においては情報工学の進歩によって、種々の機械も飛躍的な進歩を遂げている。情報工学は、機械工学が筋力を限りなく拡大させたように、意識や知能を限りなく増大しようとしている。それは私たちの日常生活を大きく改善した。しかし一方でネット上の差別事件が顕著に示しているように差別意識も限りなく拡大した。日常的に私たちが使用しているスマートフォンなどの情報機器は、生活を豊かにしていると同時に大量の個人情報流失問題に代表される多くの情報犯罪を惹起した。

2 政治・選挙に影響を与える電子空間とAI

◎国家によるサイバー世論操作が横行

これらは政治にも大きな影響を与え、社会や人権問題にも多大な影響を及ぼしている。二〇一六年のアメリカ大統領選挙結果に大きな影響を与えたフェイクニュースの横行もAIや電子空間を抜きにしては語れない。国連人権監視NGO「フリーダムハウス」の最新リポートでは、各国政府による世論工作やフェイクニュース発信が、アメリカ大統領選挙のあった二〇一六年から激増していると報告されている。まさに国家によるサイバー世論操作が横行している状況にあるといっても過言ではない。

すでにメディアの一部の記事をAIが書いているように、フェイクニュースの一定部分もA

Ｉが執筆している。そのフェイクニュースをＡＩがツイッターのアカウントを大量に入手し、自動で瞬時に広めているのが現実である。あるいは特定のキーワードに基づいて利用できる他人の投稿をコピーし自動で拡散している。これらＡＩが単純な作業を実行する「ボット」と呼ばれている「ロボット」のようになって、膨大なフェイクニュースを拡散している。

これらはネットリテラシーのない多くの有権者の政治判断や投票判断に大きな影響を与えている。これらの基盤もＩＴ革命の成果であるＡＩやインターネット、ＳＮＳ（ソーシャルネットワーキング・サービス）などである。

◎アメリカ大統領選挙に与えた影響

アメリカ大統領選挙で勝敗が決した後の二〇一六年一一月八日にトランプ大統領は「大統領選の勝利はフェイスブックとツイッターのおかげだ」と明言していた。まさにデジタル戦略を駆使して勝利したことを認めた発言である。

さらに選挙戦術だけではなく、政策や広報内容にもＡＩは影響を与えている。毎日新聞の二〇一七年一二月一八日付でも掲載されていたが、有権者の巨大データベースを構築したデータ収集・分析会社である「ケンブリッジ・アナリティカ（ＣＡ）」がトランプ大統領を支援した。

この会社は米国人二億三〇〇〇万人と五〇〇〇種類のデータを持っている。名前・住所・選挙人登録歴・テレビ視聴番組・購読雑誌・ウェブ閲覧歴・ショッピング歴や各種政治政策への関心度や態度、投票先を迷っている有権者か否か、各種選挙での投票可能性などをＡＩを活用して分析し、特定の人々に向けて作った特定のメッセージを流すことができるようになっている。一日で四万件から五万件のメッセージを流し続けたと報道されている。

以上のようにＡＩによって、ビッグデータを分析し選挙戦略を構築しているのである。これらのビッグデータは市民のプライバシーにも大きく関わる。すでに位置情報で精神科や心療内科への通院者を特定できるような時代である。

◎差別意識、偏見にも大きな影響を与える

政治判断や投票判断に大きな影響を与えるということは、人々の差別思想や差別意識、偏見にも大きな影響を与えるということである。上記に紹介したことは差別を拡散することにも悪用されるということを端的に示している。

差別・偏見を扇動するフェイク情報をＡＩが書き、そのフェイク情報をＡＩがツイッターのアカウントを大量に入手し、自動で瞬時に広めることは容易にできる。さらに特定の差別助長

キーワードに基づいて多くの投稿をコピーし、自動で拡散していくことも簡単にできる。これらの情報がネットリテラシーのない多くの人々の投票判断に大きな影響を与えたように、差別や偏見を助長することになるのは間違いない。

ツイッターには差別や人権侵害、ヘイトスピーチ、暴力、誹謗・中傷、フェイクニュースに関わる情報が山積している。最近になってツイッターもそれらのアカウントを凍結する方向に動いているが、日本国内では総務省の最新調査（二〇一七年）で明らかになっているように一〇代、二〇代のツイッター利用率は六〇％前後という高さになっている。まさに日々、差別助長教育が電子空間上で行われているようなものである。

◎自動翻訳がさらに進化すれば

こうした動きは、AIによって自動翻訳がさらに進化すれば、世界的な規模で可能になる。それは国際政治もさらに変えることになる。国際的な世論調査も今以上に行われ、国際政治に大きな影響を与える。それらの世論調査に大きな影響を与える国際的メディア企業や組織が、AIに国際的な世論に関わるビッグデータを吸収させ、どのような情報を提供すれば国際的な世論操作として、効果的な内容の宣伝戦を繰り広げることができるかを「判断」させる時代が来ることを意味している。それはＡＩが与えられたミッションを実現するために多様なメディアを駆使して、世界中の多くの人々に情報を発信する時代が来ることでもある。先述したように多くの電子メールはＡＩが作成し発信している。それらが私たちの購買行動に一定の影響を与えている。世論操作は政治に影響を与えるだけではなく、社会そのものを変えてしまう。こうしたことは世界史が証明している。それが異次元のレベルで多大な影響を与え、そうした未来が人権にも圧倒的な影響を与えようとしているのである。

一方、外国語を話せない人々でも容易に世界と交わることができる。世界で最も優れた各分野のＡＩに容易に自身の病気を診断してもらったり、旅行の相談や買い物の相談・購入ができるようになれば、世界の市場はより一層単一化していく。

3 センサーの爆発的増加とＡＩの進化

◎スマートグラス（高性能メガネ）の開発

以上に述べてきたことを支えている技術や機器もＩＴ革命の進化を基盤としている。例えば情報科学技術の進歩によって、スマートグラス（高性能メガネ）がすでに開発されている。このメガネ一つで電話に出て会話をすることも、音楽やナビ音声を聴くことも、フレームをタップするだけでフレームに内蔵された骨伝導スピーカーで可能になる。どんなにうるさい場所でも骨伝導スピーカーなら確実に聴くことができる。写真撮影もフレームをタップするだけである。顔認証技術と結びつければ、そのメガネをかけて接客するときに過去の顔データから名前や経歴、立場を骨伝導スピーカーで相手に知られることなく、秘書のように伝えてもらうこともいずれ可能になる。しかし以上のことは個人情報保護やプライバシー保護の問題が存在する。つまり「スマートメガネの普及と人権やプライバシー保護」というテーマが社会的に重要な問題として浮上してくる。

またこうしたメガネがさらに進化すれば盗撮をはじめとする多くの犯罪にも利用されてしまう。高性能メガネをタップするだけで写真を撮影することができれば、大学入学試験の問題を外部の人に送信することも容易にできる。その解答を高性能骨伝導スピーカーで聴くことができれば、不正が簡単にできることになる。その時代になれば、入学試験時の諸注意の内容も変化する。

さらに高性能メガネのレンズが、映像スクリーンとして活用できるようになれば、電話の相手と同じ場所で会話をしているように仮想現実（VR）を創り出すことができる。あるいは仮想現実の端末として活用されれば、現地に行ったように語学学習が実践的にできる時代になる。いつでもどこでも時間と距離を乗り越えることできる仮想現実が、高性能メガネで実現すれば教育も仕事も日常生活も間違いなく変わる。

◎センサー技術の飛躍的な進歩

以上のことはセンサー技術の飛躍的な進歩によって、遠くない時期に現実のものとなる。例えばグーグルは、シリコン製の樹脂センサーをコンタクトレンズに内蔵した製品を完成させている。このコンタクトレンズ内蔵センサーは、涙の成分で血糖値を測るものであり、その測定結果を常時スマートフォンに送信し、スマートフォンから自動的に病院に送信することも可能である。

これらのセンサーは、技術の進化と低廉化によって爆発的に増加している。二〇二三年には一兆個規模のセンサー社会になるといわれている。スマートフォン一台だけでも多様なセンサーが内蔵されている。多様なセンサーとＡＩが、スマートフォンや自動運転車などの高度な情報機器や製品を支えているのである。加速度センサーはカメラの手ぶれを検知し、着実にぶれない写真撮影を行う。また多様な顔認証センサーは、子どもが笑顔の時だけ自動的にシャッターをきって撮影するデジタルカメラに採用されている。気圧センサーに至っては五センチの精度で高度差を検知することができる。自動運転車も車に取り付けられた多くのセンサーから得た情報をＡＩが認識し判断することによって安全に走行できる。

このようにセンサーで得たデータを活用してＡＩが判断しているのである。さらにＡＩも爆発的なセンサーの増加によって、多くのビッグデータを吸収し、ますます進化していく。ＡＩは学習するデータが多いほどより賢明になる。まさにセンサーはＡＩを進化させる基板であるといえる。これは生物の進化も同様であった。五億年前のカンブリア紀に生物が視覚を獲得したことによって、生存競争が激化し生き残るために脳が進化した。

◎五感に関わるセンサーの進化も急速

今日では五感に関わるセンサーの進化も急速である。それらは人間の五感を拡張させることにもつながっている。暗闇の状況でもモノが見えるイメージセンサーがなければ自動運転車は走行できない。聴覚や嗅覚センサーも進化している。特定の人の声だけを聞き分けるセンサーや極めて感度の高い嗅覚センサーができている。嗅覚センサーは警察犬のような役割を果たすこともできるようになる。それはがん患者を嗅覚で診断するセンサーにもつながっている。その他にも触覚センサーが人間のような肌をもつロボットの開発にも活用されるだろう。それら以外にも多様な用途がある。味覚センサーも食品メーカーが使用することはいうまでもないが、その他の用途にも使われるだろう。これらのセンサーからのビッグデータはＡＩをさらに進化させ、私たちも気づいていない製品開発にもつながっていく。

こうしたセンサーの形状も多種多様である。米国では一ミリ大の立方体をしたセンサーを抗精神病薬に埋め込み、確実に正しく服用したかを確認できるような錠剤を開発している。そのセンサーには微量のマグネシウムと銅が含まれており、胃液と反応して電流が発生し信号が発信されるしくみである。精神疾患の場合、確実に正しく服用しないと悪化することもあり、服用指導に活用することが考えられている。

今日では「プリンタブルエレクトロニクス」といわれている印刷技術によって、柔らかいモノの表面に有機物や導電体などの材料を使ったセンサー機能を印刷する試みも行われている。これらは触覚センサーを身につけた人工皮膚やシート型スキャナーなどの開発に活用されている。衣服にセンサー機能をつけて健康状態をモニタリングできるような製品も作られるようになってきている。

◎センサー革命はビジネスも大きく変える

以上のようなセンサー革命ともいえる状況は社会やビジネスを大きく変えている。先に紹介したようにセンサーの爆発的増加がＡＩを鍛え、進化したＡＩが新たなセンサーの増加を促し、あらゆるジャンルにＡＩとセンサーが普及していく。

すでに自動車保険のしくみにも影響を与えている。最近の車にはドライバーの運転技術を評価するものまで存在する。こうした技術は運転状況をセンシングできるセンサーによって可能になっている。こうしたセンサーで把握した運転状況と保険料を連動させるしくみである。安全運転を実践していればセンサーから得た情報によって保険料を安くするというものである。フランスのタイヤメーカー・ミシュランは、センサーによって把握した走行距離に応じてタイヤ利用料を課金するシステムも試みている。これは運送会社にも歓迎されるだろう。トラックの走行距離によってタイヤの摩耗状況は異なる。距離が長いときは利用料が上がる代わりに、短いときには利用料が下がれば運送会社の経済性とも合致する。すでに保守・管理をはじめとする多くの分野で導入されている。

センサー活用は、先述したようにセンサーで得たビッグデータを処理・分析・認識・判断するＡＩの進化につながり、自動運転車の進化につながっていく。また「量を計るセンサー」から「意図を察するセンサー」への進化は、スペイン・バルセロナにあるコメディーを上演する劇場の変わったシステムにもつながっている。入場料は無料で、笑った量に応じて観客から料金を支払ってもらう料金システムである。

◎「仮想現実」や「拡張現実」の進化

こうしたセンサー技術はあらゆる分野に導入されつつある。これらにプラスして飛躍的なスピードでデータを処理していく量子コンピュータの低廉化や大量化が実現すれば、さらに社会やビジネスは変わる。それらは先に紹介した「仮想現実」や「拡張現実」（AR・アグメンテッドリアリティー）にも大きな影響を与える。

上記のことは産業分野にも多大な影響を与えている。一般的に第四次産業革命と呼ばれている。今後の一〇～一五年で先進国をはじめとする国々の産業構造は大きく変貌するといえる。科学技術の進歩と産業や個別企業は密接に関わっており、科学技術の進歩と人権も密接に関わっている。この二つの関わりは、産業や個別企業と人権が科学技術を挟んで不可分に結びついていることを示している。

それは企業が人権問題や差別問題に取り組まなければならない必然性をより一層鮮明にして

いる。

4 劇的なスピードで進化するゲノム革命と人権

◎飛躍的なスピードになった遺伝子解析

一方、劇的なスピードで進化するゲノム革命も上記に記したＩＴ革命の成果であるＡＩと同じようにこれからの社会に多大な影響を与え、第四次産業革命の基盤を構成している。

今日では遺伝子解析は、これまでに比較してはるかに速いスピードで進化している。かつて国際組織であるヒトゲノム解析機構（ＨＵＧＯ）は、ヒトの全遺伝情報を解析するヒトゲノム計画を完了するのに約一〇年の歳月と二七億ドル（約三〇〇〇億円）を費やした。それが現在では数時間と一〇〇〇ドル未満（一〇万円未満）の費用で可能になっている。これらはコンピュータの演算能力の飛躍的な向上の成果でもある。演算能力の飛躍的な向上は、今日のＡＩ進化の基盤にもなっている。そのようなスピードで遺伝子を解析できなければ遺伝子診断による個別化医療も実現しない。

すでに報道されているように同様のがんであっても、同じ治療方法ですべての患者に効果があるとはいえない。がん患者の体質によって効果は大きく異なる。多くのがん患者に有効な治療方法を確立するためには、がん患者の体質によって抗がん剤をはじめとする治療方針を変える必要がある。そのためにはそれぞれのがん患者の正確な遺伝子解析が求められる。それがかつては一〇年かかり、今日では数時間でできる。これらの技術が個別化医療を支えている。さらにどのような体質の人にどのような抗がん剤が有効かを明らかにするためには、世界中のがん研究や医学的データを取り入れた分析・判断・認識が求められる。それらも先に述べたようにＩＢＭ等が開発してきたＡＩ「ワトソン」が可能にしている。これらを支えているのも飛躍的に向上したコンピュータの演算能力である。すでに紹介してきたディープラーニング（深層学習）や強化学習によって、がんをはじめとする医学的データであるビッグデータを吸収し、自らがん診断や治療方針のルールを創造しているのである。

◎遺伝情報を編集する技術の飛躍的発展

ゲノム革命の進化は、遺伝情報を編集する技術の飛躍的発展にも結びついている。がんだけではなく多くの病気は遺伝的体質と密接に関わっている。病気は体質に関わる病と感染してかかる病に大別できるが、体質に関わる病は遺伝情報と密接に結びついている。感染してかかる病ですら、遺伝的体質が感染状況や感染後の症状に一定の影響を与える。これらの体質に関わる遺伝情報を編集する技術が劇的な進化を遂げている。

その最先端技術が二〇一二年に開発された「クリスパー・キャス9」である。本稿ではクリスパー・キャス9の技術が確立した背景について詳述はしないが、「クリスパー」とはもともとDNAの塩基配列のことを指し、現在では最先端のゲノム編集ツールを指す専門用語になっている。クリスパー・キャス9は、DNAを編集できる化学成分を含む液体のことである。ほぼ一〇〇%に近い操作精度で遺伝子操作が可能になり、遺伝子発現の制御や編集ができる技術である。

かつての遺伝子操作技術は、稲の収穫量を増やすための遺伝子組み換えは一万回に一回ぐらいしか成功せず、その精度は一〇〇%とはほど遠い〇・〇一%であった。また一個以上の遺伝子を無効化した実験用のノックアウトマウスの作製は、一〇〇万回に一回という精度であった。それらがほぼ一〇〇%の精度になったことは画期的なことだといえる。こうした技術は、遺伝子組み換え動植物の作製も可能にし、さまざまな遺伝子組み換え動植物の誕生を可能にした。食糧として極めて有用な肉付きのよい牛や豚、魚は、地球上の人口増加に対応できる食糧増産を可能にする。また極めて多くの実をつける植物や長期間腐らない野菜、受粉しなくても実を付けるトマトの栽培も可能になってきている。さらに厳しい環境下でも育つ動植物を作ることも実現している。これらが法規面・倫理面・人権面・環境面・経済面・労働面等に重大な影響を与え、食料の需給関係にも大きな変動をもたらす。

◎人間をも改変してしまう可能性

これらの技術は人間をも改変してしまう可能性をもっている。生きたヒト受精卵の卵割初期の胚の中で、ヒトゲノムを正確に操作できる時代になってきており、デザイナーベビーの可能性が現実味を帯びている。知力・体力・運動能力を強化し、美貌等にも関係する遺伝子操作にはかなりの抵抗感が存在するが、特定の疾患を治療するためならよいのではないかという空気は多数派になる可能性が高い。オリンピックもドーピング検査だけではなく、遺伝子検査が必要になるかもしれない時代になろうとしている。

そうした遺伝子操作は、特定疾患だけの遺伝子操作にとどまらず、親の「理想」とするデザイナーベビーを受け入れる基盤をつくることにつながる。すでにハーバード大学医学大学院の研究者は、各種病気にかかりにくい体質を作り出す「人類強化計画」を発表している。そうした取り組みはより一層人類の長寿命化につながっていくことは間違いない。いずれ日本では四人に一人が一〇〇歳を超える時代になるといわれている。こうした長寿命化は年金制度だけではなく、政治にも大きな影響を与えていく。これらの動きが「吉」と出るか「凶」と出るかは私たちの今後の議論と行動にかかっている。

二一世紀は、日本はいうに及ばず世界的にも高齢化の世紀であり、都市人口集中化の世紀である。これらがゲノム革命の進化によって一層促進され、国の将来予測数値で最も正確といわれている人口の将来推計にも大きな影響を与えるかもしれない。

◎クリスパー・キャス9の技術

それは遺伝子治療の進化や画期的な新薬開発からも影響を受ける。クリスパー・キャス9の技術を活用した創薬は、血友病や小児心臓病、各種がんなどへの画期的な新薬の開発につながっている。難病治療でも病気の原因となる遺伝子変異を修正することによって決定的な治療法が開発されている。これまでは人間の筋肉や内臓、皮膚等を構成する体細胞の変異を修正する治療が中心であった。今後は数千種類もあるといわれる単一遺伝子疾患（メンデル性疾患）への治療、いわゆる卵子や精子、受精卵などの生殖細胞の遺伝子変異を修正することによる治療が求められてくる。テイサックス病やハンチントン病などが代表例である。ただしこれらの遺伝子変異の修正は体細胞のように一代限りではなく末代まで続く。つまり現代の人間が将来の人間の遺伝情報を人為的に変えることになる。

こうしたことも倫理的な多くの問題を惹起する。「神の領域」といわれてきた人間の根源に関わることを、人間が勝手に変更を加えることによる新たな問題が生じる可能性もあり、極めて悩ましい問題でもある。これらの問題は、四半世紀以上前から遺伝子解析の進展とともに生じる多くの問題を研究する必要性を指摘して「エルシー」（ＥＬＳＩ）といわれてきた。「倫理的（Ethical）、法的（Legal）、社会的（Social）、問題（Issues）研究」のことである。各単語の頭文字を取って「エルシー」と名付けられた。今日ではエルシー以上に多くの問題をかかえているといっても過言ではない。

◎遺伝子ドライブ技術の進化

また多くの動植物の遺伝子編集をすることは「遺伝子ドライブ」といわれている。人類にとって直接的に害になる動植物の遺伝子を人為的に駆逐したり、プラスになる動植物を繁殖させたりする技術である。これらも安易に実施すれば環境破壊や生態系の破壊につながる可能性を色濃くもつ。

現代の地球の生態系は永久に近い歳月の中で作られてきたものである。生態系の基盤である各種遺伝情報も何十億年という進化の過程で現代のものになった。ゲノム編集はそれを短時間で変えてしまう。それらが短期的には人類に有用に見えても、長期的には生態系のバランスを大きく崩し、人類に予想もしないような災いをもたらす可能性も否定できない。一度破壊された生態系は容易に元には戻らない。

一方で地球温暖化をはじめとする環境破壊を克服するために、極めて強い光合成の仕組みをもつ植物をゲノム編集で作ることができれば、温室効果ガスの二酸化炭素をより効率的に吸収することができる。しかしそれが食物連鎖や植物体系を破壊することになるかもしれない。だからこそより人権や環境の視点で慎重な議論と決断が求められるのである。

◎バイオプリンティングの技術

これらの問題はゲノム革命の進化だけではなく、ゲノム編集と3Dプリンター（立体印刷機とでも呼ぶべき機械）の合体である「バイオプリンティング」の技術につながっている。生体組織をコピーする技術である。すでに一部の生体組織の作製に利用されている。いずれ移植用臓器が造られるといわれている。医療のあり方も大きく変化していくことは間違いない。最新医学知識データベースを学習し、がん患者の病歴・治療歴・検査結果・遺伝子データに基づき患者ごとの治療方針を提案できるＩＢＭの人工知能「ワトソン」の活用と遺伝子編集による治療、バイオプリンティング技術の活用で医療現場は現在とは大きく異なってくるといえる。

以上、社会や人権課題の大きな変革を招くＡＩの進化とゲノム革命の進化を述べてきたが、もしＡＩの弱点を一つ挙げるとすれば、ある結論を導き出したＡＩに『なぜ』そのような結論になるのか」と質問しても十分な回答ができないことであるといえる。その弱点が人間とＡＩが共存するキーワードになるかもしれないと考えられる。

いずれにしてもＩＴ革命やゲノム革命の進化が急激なスピードで進んでおり、それらの技術や発見が、各項目で述べたように人権問題に多大な影響をもたらしている。それにプラスして人口変動も社会に大きな影響を与えている。それらの正確な将来予測によって、人類の幸福につながるような社会システムとルールの確立が求められている。さらに社会に悪影響を与えないような社会的ルールの構築も強く求められている。それらのことを強調し、科学技術の進歩と人口変動によって、より高度で複雑で重大な問題になっていく人権問題への考察をさらに深めていかなければならないことを強調しておきたい。

第五章　ビッグデータ時代の積極面と消極面

1　ビッグデータの飛躍的な活用へ

◎人権・情報クライシスに結びつく

さらに情報技術の飛躍的な進展は、人口変動とも相まってビッグデータの活用が飛躍的に進む時代を到来させた。

ビッグデータ時代とは、文字どおり大量の情報を蓄積し分析することで、時代の傾向やトレンド、人々の動き、自然現象などをリアルタイムで把握し、それらをビジネスをはじめあらゆる分野に活用する時代のことである。情報技術（ＩＴ）革命なくして実現しなかったことである。情報技術の進化によって大量の情報を蓄積し分析することができるようになった成果である。今後、あらゆる分野で積極的に活用されていくといえる。

そのことによってエネルギーの効率的利用をはじめ、日常生活やビジネスを大きく変え、新たなビジネスチャンスを創造している。一方、ビッグデータの活用・管理の仕方によっては、個人情報漏洩をはじめとする大きな人権・情報クライシス（危機）に結びつく。

日本と世界で共通する二一世紀の人口問題は、高齢化と都市人口集中化である。こうした傾向の下で、日本は人口が減少し世界は増加していく。減少と増加の双方に異なった課題が山積している。世界は七〇億人強が四〇年後には九〇億人に達すると予測されている。その結果、人口が都市に集中する都市化率が七〇％になり、二〇五〇年にはエネルギー需要が一・八倍、水需要は一・六倍、食料需要は一・七倍、温室効果ガスは一・五倍になると予測されている。

◎ビッグデータの活用で無駄を廃する

これらの予測数値は社会に多面的な影響を与え、人権問題にも圧倒的な影響を与える。これらの需要に応え、持続可能な地球社会を実現するためには、人や地球にやさしい科学技術の飛躍的な進歩が求められる。同時にこれらの需要を抑制するためのシステムが必要になり、効率的な使い方も求められる。その一つの方法がビッグデータの活用である。

例えば南米のある農場で散水のために使われていたスプリンクラーは、一定時間ごとに定期的に水を撒《ま》くだけだった。しかしセンサーを設置して、土の水分やミネラル量を分析し、気象予報情報も加えたデータを駆使して、スプリンクラーで撒く水分量を制御することによって、水需要を減少させることができた。このようなビッグデータの活用によって、他の分野でも需要の増加を減らすことができる。

フードバンク活動は、日本国内において食べることができるにもかかわらず捨てられる食品が年間六〇〇万トンから八〇〇万トンも存在するという現実が前提である。一方で食事さえ十分に取ることができず貧困にあえぐ人々も多数存在する。一人の人間が一年間で食べる量は水を除いて約〇・五トンといわれている。食事のバランス等を無視して単純化していえば、八〇〇万トンを廃棄しているということは一六〇〇万人の年間食料を捨てていることに匹敵する。こうした無駄を廃さなければ、日本も世界も「持続可能な社会」を構築することはできない。ビッグデータはその基盤でもある。

以上のような社会変革だけでなく、先にも述べたようにビジネスチャンスにも結びつく。米国では株式市場に関するツイッターの「つぶやき」を大量に収集・分析して、その「つぶやき」の内容に含まれる感情や思考を六分類し、三〜四日後の株式市場の傾向を八五%以上の精度で予測できたことが実験で明らかになっている。日本でも同様の実験が始まっている。

◎ビジネスとビッグデータ

それだけではない。すでにビッグデータは多くのビジネスの分野でも活用されている。毎日のようにスマートフォンやパソコンとともに生活している人には、多くのサイトから日々多くの宣伝メールが届く。その中には自身が購入したいと思うような商品の広告が少なからず含まれていることも多い。それらは各人がこれまでに購入した商品傾向をふまえて、どのような商品を買う傾向が強いかということを予測して宣伝メールを送ってくる。今後はそれらがさらに進化していく。ビッグデータの分析を多くの研究者の協力を得て展開すれば、さらに多くの発見につながることは間違いない。

商品購入傾向からその人物の嗜好なども分析されビジネスに利用されている。もし健康に関連する商品を多く買っている人であれば、健康食品の広告メールを送ることによって、購入する割合は不特定多数に送るよりもかなり高くなる。それだけではない。健康管理に関わるその他の食品やサプリメント、健康管理機器など多くのサービス・製品の販売に結びつく。さらに病気予防に関わる情報サービスにもつながる。そうした購入履歴は購入した人々のより詳細な消費活動を把握することにもなる。

こうして得たデータをトータルに分析すれば社会全体の消費傾向など多くのことを把握できるだけではなく、多くのビジネスチャンスを得ることにもなる。正確な予測ができることはビジネスにとっても社会活動にとっても極めて大きな強みになる。

◎医療に貢献する遺伝子ビッグデータ

正確な現実把握と未来予想はあらゆる分野に求められる。ビッグデータは情報の最たるものであり、どのような情報をどのように収集してどのように分析するかは、ビジネスなどの最重要課題といえる。

例えば医療の世界で、レントゲンしかなかった時代とCTやMRI、PETのある時代では、患者の患部の正確な把握状況はまったく異なり、診断の正確さは格段に高まる。それはその後の治療方針に大きな影響を与える。MRIやPETの検査結果は、ある面では体内や患部の「ビッグデータ」といえる。それに正確な遺伝情報が加われば、より正確な診断が可能になる。すでに米国では病院の電子カルテに一人ひとりのタンパク質の設計図ともいえる三〇億塩基対にも及ぶ全遺伝情報を暗号化して入れることが計画されている。この遺伝情報も「ビッグデータ」といえる。これらの遺伝情報とＰＥＴによる詳細で正確なデータが治療方針を大きく変えようとしているように、社会のビッグデータが経営方針や教育方針、社会運動方針などを大きく変える可能性がある。

人々が何を欲しているか、何をしようとしているかということをリアルタイムで把握することは経済だけではなく政治や教育分野にとっても重要なことなのである。

すでに多くの実験や取り組みがなされている。気象予報、交通、医療、農業、株価予測、企業経営、顧客サービス、省エネ、防犯、日常生活、政治分野など多くのところでビッグデータの活用による変革が進行している。

◎選挙を勝利に導くビッグデータ

これらのデータは選挙活動にも応用できる。投票行動に関するツイッターの「つぶやき」を収集し分析すれば、有権者は何を基に投票行動を決めるのか、どのような政策を掲げる候補者に好感を抱くのかなど、これまでの世論調査では不十分であった有権者動向の把握をより正確に行うことができる。

ところで先に多くの自動車メーカーが二〇二〇年代に自動運転車を発売すると公表している

ことを紹介した。人が運転しなくてもよい自動車であり、ある意味では機械の頭脳で自動車を制御する自動車型ロボットだと述べた。この自動車ロボットがビッグデータを活用して渋滞情報、天候情報、道路工事情報、イベント情報、公共交通機関情報などを分析できれば、最短時間で目的地まで到着することができるようになる。こうしたことが現実化しつつあり、エネルギーの効率的利用が一層進み、無駄を廃することができる。こうした知恵がなければ「持続可能な社会」は築けない。

◎個人情報保護の面で多くの課題

しかしビッグデータ活用には個人情報やプライバシー面で多くの課題も存在する。ビッグデータの源は、先にも紹介したように個人が発した「つぶやき」であったり、個人の購入履歴であったり、個人の言動と密接に結びついている。一つのデータだけでは個人が特定されなくても、各種データが重なれば限りなく個人が特定されることになってしまう。すでに現実化している。今や画像データも著しく進化している。個人の顔を識別することも可能になっている。データがビッグになればなるほど個人情報やプライバシーを守る防御壁もビッグにならなければならない。そうでないと重大なデータ流失が発生し、多くの人々のプライバシー侵害をはじめとする多種多様な人権侵害につながる。防御壁をビッグで強固なものにすれば、多くの人々も安心してビッグデータの活用を歓迎するが、防御壁が軟弱なものであり、個人情報が流出するような事態になれば、ビッグデータを活用しようとする人々は、多くの非難と損害賠償請求を受けることになる。

近年でも通信教育大手ベネッセホールディングスの子会社であるベネッセコーポレーションで起きた顧客情報漏洩事件が発覚し、外部業者から派遣されていた三九歳のシステムエンジニアが不正競争防止法違反（営業秘密の複製）で逮捕された。子どもの個人情報が大半を占めた情報漏洩であり、これらの情報が次の犯罪の手段になることも少なくない。この事件ではこれらの個人情報を購入し活用したIT企業も説明責任を求められている。ベネッセホールディングスが七月三一日に発表した二〇一四年四月〜六月期の連結最終損益は一三六億円の赤字になっている。これは被害者への金銭補償や情報管理の対策費など二六〇億円を特別損失として計上したことが原因である。二〇一四年九月になって、漏洩件数が三五〇四万件であったことが公表された。これらの損失は初期の損失で、信用の失墜による経営のマイナス効果を考えると事実上の損失はさらに増加しただろう。個客情報をはじめとする個人情報やビッグデータは企業にとって最も重要な情報であるが、大きなマイナスの引き金になることも忘れてはならない。そうした認識の下、ビッグデータを活用することが求められている。

◎社会システムの構築が焦眉の課題

以上、情報技術の加速度的な進歩によって発生するであろう問題を中心に考察してきたが、私たちが科学技術の進歩に対して漠然とした不安感をいだくのは、これまでの科学技術の進歩が地球環境の破壊や核兵器に代表される多くの問題点を生み出してきたからである。それでも科学技術の進歩が人類の願いや欲求を実現するために大きな役割を果してきたことも事実である。特に医療技術の進歩は生命を持続させるために多大な貢献をしてきた。また生命の持続だけではなしに、これまで述べてきたように「生命の誕生」にまで操作を加えることができるようになった。不妊で悩む夫婦に子を授けるという不妊治療は、多くの人の願いを実現してきた。

しかし、一方で科学技術の進歩が先に紹介したように予期せぬことを招来させたり、誤った方向に利用され、重大な問題を引き起こす要因にもなってきた。これらの科学技術をコントロールしているのが人間である以上、仕方のないことかもしれないが、今日の医療上の進歩は、人間そのものの根本的な部分を対象にしているため、未成熟な医療技術が一面的に利用されることによって、人類社会にとって予期せぬ事態が発生しないとも限らない。それは生態的な問題だけではなく、倫理的、法的、政治的、社会的な問題をも表出することになる。とりわけ医療技術上の進展はその成果をすぐにでも利用したいと欲する患者や患者を前にした医師がいることによって、拙速に利用されることも十分考えられる。

以上のように科学技術の進歩の速さは、私たちの予想を大きく上回りつつある。だからこそ人権問題が社会の進歩、科学技術の進歩とともに、より高度で複雑で重大な問題になっていくことに気づき、それらの問題を最小限に防止するための社会システムの構築が早急に求められているのである。

2 個人データ（プライバシー）が資本の源泉に

◎世界のビジネスに影響を与えるGDPR

二〇一八年五月二五日、EU（欧州連合）の「一般データ保護規則」（GDPR）が施行された。多くの市民は、これからの社会に極めて大きな影響を与えるこの規則の存在を知らない。大企業等の社内研修等でコンプライアンス研修の一環として、その内容の一部を学習している人々もいるが、おそらくそれはGDPRの簡単な法的内容の解説にとどまっているだろう。このGDPRは、想像以上に大きく世界のビジネスに影響を与える。本書ではこの規則が制定された背景を考えながら、瀕死の状態にある個人情報やプライバシーがどのようになっているのかを人権の視点で述べておきたい。

IT革命の影響によって、企業環境や組織環境が大きく変貌していることは、多くの人々が日々感じているところである。その変化の規模とスピードもますます加速している。企業経営だけでなく各種の組織体制やリソース（資源・要素）も大きな影響を受けている。

グーグルが自動車市場に進出するように産業界において伝統的な業界間の壁が消滅しつつあり、企業資産のとらえ方や管理手法も大きく変化している。二〇一三年時点での世界の株式時価総額トップ三〇のうち一四がIT革命の覇者ともいえるプラットフォーム系企業であった。

◎多くの個人データがビッグデータに

例えば先に紹介したプラットフォーム系企業といっても、馴染みのない人々も多いと思う。プラットフォームとは、直訳をすると「土台」や「基盤」、「場」といった意味である。鉄道の「駅」だと捉えている人々もいる。まさにそのとおりである。駅としてのプラットフォームは、電車と人（乗客）をつなぐところである。

私は出張や旅行の時にほとんどの場合、ネットを通して予約する。これらのサイバー旅行業社がホテルをはじめとする宿泊施設を保有しているわけではない。「宿泊施設」と「宿泊したい人」をつないでいるだけである。それでも宿泊施設は、多くの宿泊したい人である会員を持っているプラットフォーム系企業に参加することによって、多くの宿泊客を獲得できる可能性は高まる。そしてマッチングが成功して会員が宿泊すると、一定の金額がネット系旅行業者に入るシステムである。こうした企業を一般的にプラットフォーム系企業と呼んでいる。つまりつなぐ場を提供している企業である。こうした企業は、いろいろな製品、サービス、情報を結びつけることによって利益を上げるだけではなく、多くの個人情報や個人データが入ってくる。それらの個人情報が大きなリソース、つまり資源や資本にもなっているのである。

◎フェイスブックユーザーの八七〇〇万人分のデータが

英国にデータ収集・分析コンサルティング会社である「ケンブリッジ・アナリティカ（CA）」という企業が存在することを前章で述べ、下記のようなことを解説した。この企業が、米国人二億三〇〇〇万人と五〇〇〇種類のデータを持っていること。名前・住所・選挙人登録歴・テレビ視聴番組・購読雑誌・ウェブ閲覧歴・ショッピング歴や各種政治政策への関心度や態度、投票先を迷っている有権者か否か、各種選挙での投票可能性などをＡＩを活用して分析し、特定の人々に向けて作った特定のメッセージを流すことができるようになっていることなどを紹介した。しかしこれらのデータをこの会社がどのように収集しているのかは明確ではなかった。その一端が二〇一八年はじめにフェイスブックから流出したものであることがわかった。二〇一六年の米国大統領選挙期間中にフェイスブックユーザー（ＦＢ）の八七〇〇万人分の個人データが、研究ツールを偽装したアプリによって奪い取られていたのである。

端的にいえばフェイスブックから奪い取られたユーザーの「いいね」をはじめとする多くの情報が勝手に分析され、ターゲットをしぼった戦略的な政治広告などに利用されていたのである。上記以外にも情報技術を駆使しているプラットフォーム系企業等によって写真やメールアドレス、ＳＮＳの投稿、場所や移動の詳細、コンピュータのＩＰアドレスなど多くの個人データが分析されていることが明らかになった。

次項で紹介するＧＤＰＲが制定された背景には、ＳＮＳの普及にともなって個人データが広告をはじめとするビジネスに広く利用されるようになった現実が存在する。個人データが本人の知らないうちに、侵害され悪用が広がっているのである。さらに個人データの大量流出事件の多発なども重要な背景である。

これらの個人データは、上記に紹介した政治的なターゲット広告のために分析されるだけではない。ターゲット広告のほとんどは、一般的な商品やサービスを販売したいと考えている広告主のために行われている。

◎広告主が求める潜在顧客情報を割り出せる

フェイスブックは、二〇一七年度に約四〇〇億ドル（約四・四兆円）の収益を上げている。まさに個人データを活用した収益である。個人から提供されたデータ（年齢・居住地・位置情報・嗜好分析等）をビッグデータとして活用し、それらを解析することによって、特定のユーザーが求めている商品やサービスを予測し、個人にフィットした広告を送りつけるのである。こうした広告は、広告主が求める潜在的な顧客を明らかにし、極めて高い投資利益率を生み出す。そうしたビジネスモデルによって、広告主へより高い広告費を請求できることになる。これらの分析データは、個人データとして収集されたビッグデータである。まさに個人データが金儲けの基盤になっているのであり、デジタル資本主義といわれる理由でもある。ビッグデータをＡＩに分析させることによって、広告主が求める潜在顧客情報を割り出せるのである。こうした事実は、これまでのブランド広告中心のテレビ広告では得られなかった投資利益率を明確にすることにもつながっているのである。

◎同意している定款を詳細に読んでいるか

読者のところにもネットを介して、多くのターゲット広告が届いているはずである。私のところにも私が読みたいと思う本のターゲット広告がアマゾン等から日々送られてくる。それは私がネットを介して購入した書籍情報が蓄積されているからである。それを便利と捉えるか、個人データの勝手な利用と捉えるかは、個人によって大きく異なる。そうしたビジネスモデルによって、売り上げを伸ばしている業者は、間違いなく本人の同意を取っているというだろう。しかし多くのユーザーは、便利なアプリ入手やユーザー会員になるときに、自身の購入履歴やウェブ閲覧歴等の情報を提供することに同意している定款を詳細に読んでいる人はほとんどいない。法律学を専攻している私ですら詳細には読んでいないことが多い。すべての定款を詳細に正確に読む時間と労力は多くの人々にはない。仕事で見解を求められた時には詳細に読んでも、その他の時に詳細に読むことは少ない。

◎ユーザーが訪れるウェブサイトを追跡すれば

フェイスブックは、ユーザーがアカウントを作成するとウェブブラウザにトラッキング（追跡）クッキーを挿入し、ユーザーが訪れるウェブサイトを追跡している。それはユーザーが訪れるウェブサイトをフェイスブックが把握しているということである。それらのデータもビッグデータとして分析されているのである。どのようなウェブサイトを観ているかというデータは、個人の趣味・嗜好や思想信条、関心事等と密接に関わっている。これらの事実は、私が指摘する必要もないぐらい読者は理解しているだろう。

このようなデジタル経済が進行するなかで、ユーザーの足跡をデータ化し、個人のネット上の動きを把握して、他のデータと重ね合わせることができれば、趣味・嗜好や関心事といった個人像を一定程度明らかにできる。それはその個人が購入する可能性が高い商品やサービスの予測をより正確なものにすることができ、購入率の高い層に向けたターゲット広告につながっていく。購入率が高ければ高いほど、グーグルやフェイスブック等は、広告主により高い広告費を請求することができる。まさに個人データが資本の源泉だといえるデジタル資本主義の所以《ゆえん》である。

◎巨大な影響力を有しているプラットフォーム系企業

私たちもデジタル市民として、実名やメールアドレス等の個人データを多くのプラットフォーム系企業に提供している。それらもターゲット広告の資源になっている。

上記のことが進んできたのは、一九九八年からの二〇年間である。代表的な企業や事業だけでもグーグルの創業（一九九八年九月）、フェイスブックの創業（二〇〇四年二月）、グーグルマップ（二〇〇五年）、ユーチューブ（二〇〇五年）、ツイッター（二〇〇六年三月）を挙げることができる。デジタル広告収入は二〇一七年に世界全体で約二四兆円であり、その約三分の一はグーグルの収入である。フェイスブックの収入もグーグルの半分に達している。この二つのグループで世界のデジタル広告収入の約半分を占めている。そして二七億人以上がフェイスブックを利用し、グーグルが運営するユーチューブも一五億人以上が利用している。「人」と「財」に巨大な影響力を有していることは紛れもない現実である。こうした状況を変革し、自己情報コントロール権を厳正に確立し、ビジネスモデルを変えるために施行されたのがＧＤＰＲである。

3 EU一般データ保護規則（GDPR）とは

◎画期的な一般データ保護規則が施行

前項で触れたGDPRが二〇一六年五月二四日に発効し、その二年後の二〇一八年五月二五日に施行された。

前項で多くの個人データがターゲット広告の資源になっていることを紹介し、そうしたビジネスによって、多額の収入を上げているグーグルやインターネット交流サイト最大手のフェイスブック等を紹介した。それらのビジネスモデルに多大な影響を与え、個人データの厳正な自己情報コントロール権の確立を目指しているのがGDPRである。本書ではGDPRの内容を簡潔に紹介するとともに、施行までの個人情報保護の歴史と施行されたことによる影響について解説しておきたい。

まず自己情報コントロール権とは、文字どおり自身の情報を自身でコントロールする権利である。一九八〇年九月二三日、先進国中心の国際機関である経済協力開発機構（OECD）が、いわゆる「プライバシー保護の八原則」を以下のように打ち出し、欧州や日本にも大きな影響を与えた。その八原則とは、「プライバシー保護と個人データの国際流通についての勧告」でOECDの理事会で決定され、①収集制限の原則、②データの質維持の原則、③目的明確化の原則、④利用制限の原則、⑤安全保護措置の原則、⑥公開の原則、⑦個人参加の原則、⑧責任の原則としてまとめられた。この中の⑦個人参加の原則が「自己情報コントロール権」の根拠になっている原則である。

◎個人データの推定資産価値を発表

この原則は、個人データの主体が、自分に関するデータの所在やその内容を確認できるとともに、異議を申し立てることを保証すべきであるとする原則である。

その後、いわゆる「個人データ処理に係るEU指令」（「個人データ処理に係る個人の保護及び当該データの自由な移動に関する一九九五年七月二四日の欧州議会及び理事会の九五／四六EU指令」）が出された。その中で収集、利用、提供に関することやハイリーセンシティブデータ（人種、民族、政治的見解、宗教、信条、労働組合への加盟、健康、性生活に関する個人データ）の取り扱いも規定された。また本人への通知に関することやアクセス権に関すること等が定められた。この指令はEU加盟各国に対して立法化を義務づけるものであり、アクセス権では、データの開示請求や訂正、消去等の実施、データ主体の異議申立権が明記された。

以上のようなプライバシーや個人データ保護の歴史と今日のインターネット環境下の個人データ保護の危機的状況をふまえてGDPRが施行された。

前項で紹介したデジタル経済の解説で、企業は消費者のウェブサイトやモバイルアプリの足跡をデータ化し個人の動きを追跡していること、他のデータと組み合わせて正確な人物像を構築し、購入商品の予測を行った上でターゲット広告を行っていたことを明らかにした。これらの広告がグーグルやフェイスブック等に多額の利益をもたらしていることも記した。

そうした状況をふまえた上で、EUはEU市民の個人データの推定資産価値を発表し、二〇一一年に三三〇〇億ユーロ（当時のレートで約四四兆円）、二〇二〇年に一兆ユーロ（約一三三兆円）になるとの試算を公表した。

◎FBから約二九〇〇万人の個人情報が流出

GDPR制定の直接的なきっかけになった当時の最も重大な事件として、エドワード・スノーデン（元CIA職員）による内部告発事件（二〇一三年六月）を挙げることができる。彼は米国家安全保障局（NSA）が極秘に世界中の個人情報を収集していることを世界中に公表し、各国に大きな衝撃を与えた。この事実もGDPRを生み出す大きな原動力になった。またGDPRが制定された背景には、SNSの普及にともなって個人情報がビジネスとして広く利用されるようになり、個人情報の侵害・悪用が広がった点も挙げることができる。こうした個人情報の大量流出事件は今も拡大し続けている。

二〇一八年一〇月一二日にも、米フェイスブックから「サイバー攻撃を受け、利用者五〇〇〇万人の個人情報が流出した恐れがある問題で、利用者約二九〇〇万人の個人情報がハッカーに流出していた」との発表があった。

このうち一五〇〇万人は名前と電話番号やEメールなどの連絡先が流出し、一四〇〇万人は名前と連絡先、性別、生年月日、職業、出身地、婚姻状況などの詳細な個人情報が盗まれていたことが発表された。二七億人のユーザーを有するフェイスブックからの情報流出は多大な悪影響を与える。

先に八七〇〇万人の個人情報が英国の情報分析コンサルティング会社である「ケンブリッジ・アナリティカ」に不正利用されていたことを紹介したが、さらに拡大しているといえる。情報流出事件は、それらの情報を悪用してさらなる犯罪につながることを考慮すれば、極めて重大な問題であると指摘せざるを得ない。

こうした状況に対してEUは、これまでからも既存の立法等で対応し、市民団体や消費者団体においても集団訴訟等を展開し対抗してきた。イギリスにおいてもグーグルを相手取り二〇一七年一一月三〇日に消費者団体が大規模な集団訴訟を提起した。消費者団体が勝訴すれば、グーグルは日本円にして四〇〇〇億円以上の賠償に応じなければならないことになる。

◎個人データ保護を厳格に遵守する企業が有利に

GDPR施行は以上の状況をさらに加速させるといえる。端的にいえば個人データの不適切な取り扱いが企業を破産させる時代になることを予測させる規則（法律）である。逆にいえばGDPRを遵守した企業に個人データが集まる時代になるともいえ、そうした企業が個人データを資産としたビジネスを有利に展開できることにもなる。

かつて一九八八年九月三〇日に発効した地球温暖化防止のためのオゾン層保護条約・モントリオール議定書が、オゾン層を破壊する特定フロンの製造メーカーであった米国最大手のデュポン社をして、特定フロンの生産中止を決断させたことがあった。そして米デュポン社はオゾン層を破壊しない特定フロンに代わる「代替フロン」を開発し、地球環境に貢献した企業として高く評価されただけでなく、代替フロンの売り上げが米デュポン社に多くの利益をもたらした。それと同じようにGDPRが求める個人データ保護を厳格に遵守する企業に個人データが集まり、有利になる時代が来るといえる。

そのGDPRの第一の特徴は個人データを広く定義していることである。個人データを「特定または識別可能な自然人（データ対象）に関するすべての情報」と定義している。名前はいうに及ばず、写真、メールアドレス、SNSの投稿、ウェブサイトの更新情報、場所の詳細、医療情報、コンピュータのIPアドレス、生体遺伝情報、思想信条など多岐にわたる。

こうした個人データに関する広い定義は、第二の特徴として、プラットフォーム型企業やターゲット広告をはじめとするデジタル広告会社等のビジネスモデルを大きく変える点である。単に個人データ保護という視点だけではなく、IT関連の製品やサービスの開発にも大きな影響を与える。またソーシャルネットワークの個人データに関する取り扱いも大きな影響を受ける。なぜならGDPRはEU市民だけではなく、世界中に大きな影響を与える立法だからである。

◎膨大な制裁金とビジネスモデルの変更を迫る

そもそもGDPRはEU諸国にノルウェー、アイスランド、リヒテンシュタインを加えた欧州経済地域（ＥＥＡ三一カ国）内の個人データに関するルールであり、ＥＥＡの外にデータを移転させる際に、守らなければならないルールを定めている。ただしＥＥＡ内に拠点がない企業でも、ＥＥＡの在住者の個人データを取得している場合は適用される。

第三の特徴は、ＥＥＡ以外の国への個人情報の持ち出しを原則禁止し、大量の個人情報を扱う企業には、独立性のある「情報管理責任者」の設置を義務づけていることである。

第四の特徴は、個人情報の収集・利用には厳格に本人の同意を得ることも義務づけていることである。先に紹介した個人の自己情報コントロール権を明記し、自己情報の削除要求権利の明確化や拒否された場合の知る権利等の明確化も厳格に規定している。ＥＵで確立されている「忘れられる権利」もふまえた内容になっている。

第五の特徴は、最も重大なもので違反した場合の制裁金の膨大さである。個人情報を漏洩させた場合に監督機関に通知する義務に違反すれば、最大で連結年間売上高の四％か二〇〇〇万ユーロの高い制裁金が科せられることになる。もし日本のトヨタが違反すれば約一兆円以上の制裁金を支払うことになる。

第六の特徴はＧＤＰＲの対象地域は、ＥＥＡ以外の国でもＥＥＡ内で企業活動を展開している場合やＥＥＡ内に居住している人を対象にビジネスを展開している場合には適用される。つまり先述したようにＥＥＡ内だけではなく、全世界に影響を与える立法だという点である。ちなみに日本は、日本政府が個人データの相互移転をＥＵとの間で合意（二〇一八年）しており、ＥＥＡ以外の国への個人情報の持ち出しもできることになっている。

いずれにしてもＧＤＰＲは、単なる法務問題ではなく、現行のＩＴ関連企業をはじめとする多くの企業等のビジネスモデルを変えようとしているのである。

第六章　人口変動及びAIと新たな社会的課題

1　人口減少にともなう社会的課題と経済政策

◎どの国も経験したことのない人口変動

日本は過去にどの国も経験したことのない人口変動の時代を迎えている。日本の人口は二〇〇五年から二〇〇七年にはほとんど変化せず、二〇〇八年から本格的に減少に転じており、生産年齢人口（一五歳〜六四歳）は、一九九五年に八七一七万人とピークに達したことが明らかになっている。その後、減少局面に入り二〇〇〇年国勢調査では八六三八万人になっている。中位推計の結果によれば二〇三〇年には七〇〇〇万人を割り込み、二〇五〇年には五三八九万人になると予想されている。実際にはこの予想数値よりも落ち込む可能性が高いと考えられる。

すでに人口が減少に転じて一〇年以上が経ち、生産年齢人口の減少から二〇年以上が経つ。これらの傾向と合わせて高齢者人口は大きく増加していく。

◎人口変動は社会にどのような影響を与えるのか

以上のような人口減少と高齢者人口の増加は社会にどのような影響を与えるのか。例えば大学には社会人入学等を別にすれば一八歳～二二歳ぐらいの人々が学んでいる。これらの人口も一貫して減少し続けている。それは大学経営にも大きな影響を与えている。

すでに地方の私立単科大学では、大学経営が成り立たなくなるところも多く出てきており、募集停止を行っている大学も増加している。都市部にある総合大学は多くの志願者を集めているが、地方の私立大学は志願者を集めるのに四苦八苦している。全国的に若年人口の減少とともに大学の整理淘汰の段階に入っている。これらは大学の問題だけではない。

学生が減少すれば電車などの交通手段を使っての通学生も減少し、生産年齢人口が減少すれば通勤人口も減少する。それは通勤通学の定期券の売り上げダウンにつながる。それだけではない。小学校や中学校の生徒が減少することによって、全国的に閉校が相次いでいる。二〇〇五年から二〇一〇年で小学校が全国で一〇〇〇校も閉校している。

ある地方自治体には小学校が二二校あり、それらの小学校のほぼ一〇分の一にあたる二校に全体の半数の生徒が通学していた。この二校は市の中心部にあり、その他は市の周辺部にある。もし通学距離等を無視して単純な数値だけで学校を閉鎖していけば、二〇校に通学している生徒を二校に集約できることになる。財政至上主義の観点だけで小中学校の整理統合を行えば、二二校を四校にできることになる。

◎財政状況も極めて厳しい状態に

これらの状況はその地方自治体だけではない。全国的にはさらに深刻である。小中高大の減少は一層進行していくことになる。それらが地域社会に与える影響も大きいといえる。高齢化社会が急速なスピードで進行している状況の中で、過疎地のコミュニティを担っているのは学校であり、その学校がなくなればコミュニティは崩壊し、地方自治体も衰退していく。

一方、地方自治体の財政状況が極めて厳しい状態にあるのも事実であり、小中学校の統廃合は加速度的に進行していく可能性がある。

以上の状況は教員の人数にも影響を与える。交通をはじめ人々が生きていくためには多くの人々の生活に密着した企業の存在が不可欠である。企業は人と密接な関係にある。企業が雇用するのも人（求職者）であり、企業内で働くのも人（労働者）である。企業が製品やサービスを提供するのも人（消費者）である。その人が減少していくというのは日本社会の経済をはじめ多くの面が縮小していくことでもある。

◎人口減少スパイラルへ

まさに「人口減少スパイラル」とでも呼ぶべき状況を迎えている。電車に乗る人が減少すれば電車の本数は減り、そこで働く人々も減少し利便性も悪化する。レストランに行く人々が減少すれば外食する人も減少し、レストランも減少していく。これらは各種スパイラルの最たるものであり、多くの人々も十分に理解している。

今、日本ではインバウンドといわれる外国からの旅行者が飛躍的に増加していることによって、産業面では上記に記した危惧が杞憂になっているが、いつまで続くかは定かでない。また二〇一九年四月から外国人労働者の受け入れ方針を変更したことによって、外国人労働者が増加すると予測されるが、人権上の新たな問題を惹起することが危惧されている。

これまで人口が減少して栄えた国はない。これは人口が減少していく日本で一人ひとりが幸せになれないということと同義ではない。ただし経済は人口変動と密接に結びついている。またＧＤＰ（国内総生産）が減少していくことがあったとしても、人口減少の下で一人あたりのＧＤＰも減少するとは限らない。だからこそ人口減少の過程をどのような経済政策によって乗り越えていくのかということが重要なのである。人口規模と一人あたりのＧＤＰはイコールではない。もしイコールであるならインドや中国が一人あたりのＧＤＰが最も高く、人口の少ない北欧の国々は一人あたりのＧＤＰが最も少ないレベルになってしまう。中国の一人あたりのＧＤＰは日本よりかなり低い。

◎人口の少ない国でも栄えている

フィンランドの二〇一〇年人口は、約五二四万人で、日本はフィンランド人口の二十数倍の人口を持つ。そうした人口の少ないフィンランドの一人あたりのＧＤＰは二〇〇八年時点で世界七位であり、日本は一九位であった。それぞれの国の立地条件や歴史性、教育力等によって経済力は大きな影響を受けるが、日本が人口減少しても必ずしも一人あたりのＧＤＰが減少しないことの証左でもある。

しかし人口減少が経済の足を引っ張り、経済の悪化が人口の減少をさらに加速するような政策を取っている限り、「人口減少」と「デフレ」が絡み合いながら「スパイラル状」に悪化していく。それらを阻止するような政策がタイムリーに実行されていけば一人ひとりの生活が悪化していくことは避けられ、豊かな生活を送ることも可能になる。

インフレが加速したバブル時代、日本の経済は絶頂期にあり、日本の全土を買える資金があればアメリカ合衆国の国土を四倍も買えるといわれた時代があった。このとき日本に住む多くの人々は幸せであっただろうか。決してそうではない。小泉政権時代、実感なき景気回復といわれた外需主導の好景気が続いたが、格差拡大社会の中で多くの人々は不幸になった。

◎人口増加時代の発想ではダメ

しかし人口減少時代に人口増加時代の発想で経済政策を立案すれば必ず失敗する。人口減少時代・高齢化時代に一人あたりのGDPが減少しないような経済政策が求められているのである。それらの政策に日本が成功すれば、日本の後に続いて人口減少・高齢化時代に突入する多くの国々のモデルになり、日本の政策能力や政策発信力はさらに高まるといえる。

問題は経済に圧倒的影響を与える膨大な一〇〇〇兆円を超える政府の総債務と、これまでどこの国も経験したことのない急速なスピードでの高齢化にどのように対処するのかということである。そしてどのように人口減少とグローバル化に対応した経済政策を取るのかという問題である。

日本は人口増加の時代を活用して高度経済成長を成し遂げた。しかし人口増加を経済の成長に結びつけられなかった国々も存在する。一方、人口が増加していないにもかかわらず安定した経済を持続している国も存在する。

今、日本に求められているのは、例えば人口一億人になったときにGDPは縮小しても、一人あたりのGDPが縮小しない経済社会をどのように創造していくのかということである。これらを明確にすることができれば人口が減少しても、人々が幸せに暮らす「栄えた国」を創ることは十分にできる。そのためにもこれまでの発想に基づく経済政策ではなく、一人ひとりのGDPを維持発展できる発想で社会システムと経済政策を構築することである。

◎格差拡大社会を是正する社会システムを

今後、日本のGDPは人口減少とともに確実に低下していく。多くの予想数値が発表されており、いずれも長期的にマイナスになる点は共通している。現在の実質五五〇兆円前後のGDPが二〇五〇年に約三五〇兆円になるとの予測も存在する。人口は現在の八〇％弱で、GDP

の落ち込みはそれより大きく現在の六〇数％になっていると予想されている。これでは一人ひとりのＧＤＰは現在より確実に縮小し、生活水準も低下すると考えられる。

ＧＤＰは落ちても現在の生活水準・経済水準を維持できるような一人あたりのＧＤＰが確保できていれば個人にとって問題はない。ただしグローバル化とともに現れた格差拡大社会を是正する社会システムを構築することも忘れてはならない。そうした経済社会をどのように構築するのかという問題が一人ひとりの人権実現と関わって問われているのである。

政治や戦争も攻めるときよりも撤退するときのほうが難しいといわれる。経済も拡大するときよりも縮小するときのほうが難しい。敗退ではなく人口規模に合わせて秩序よく撤退できれば、かつてエコノミック・アニマルと揶揄《やゆ》された日本が、エコノミック・リーダーとして尊敬を集めることができる。

かつて狭い国土に自動車がひしめく日本は、公害を克服するために世界に先駆けて最も厳しい排ガス規制を導入した。そのことが結果として、先進的な環境にやさしいエンジン製造技術につながり、自動車メーカーの世界的な飛躍に結びついた。同様に人口変動にともなう人権課題を克服するような製品・サービスを造り出すビジネスモデルが、人口減少の中でも日本の企業を世界へ飛躍させる基盤を創り上げるといえる。

2 人口変動をふまえた経済政策と人権・福祉立国

◎問題は人口減少だけではない

そこで人口減少の中で人権・福祉立国と経済発展の両立について考えておきたい。

近代国家が成立してから今日の日本社会のような急激な少子高齢化をともなう人口減少を経験した国は過去にはない。しかし日本の後に日本と同じような状況を迎える国は中国をはじめ多くの国が存在する。中国もいずれ日本と同じような人口構成を迎える。日本と同様の少子高齢化を迎えることは確実である。つまりこうした人口課題のトップを走っているのが日本なのである。その日本がどのような経済政策を採用するのかは多くの国の関心事でもある。

日本が抱える問題は人口減少だけではない。人口問題と関連した問題だけでも多くの課題が存在する。例えば二〇一二年で三五歳～四四歳の「中年パラサイト」と呼ばれている人々は、同世代の六人に一人といわれており、約三〇〇万人に達していた。「ひきこもり」は二〇一〇年七月時点で全国で約七〇万人、「ひきこもり親和群」は約一五五万人で合計して約二二五万人になっていた。それだけではない。少子高齢化の中で認知症高齢者は二〇〇三年の厚生労働省推計では、二〇二〇年には四〇〇〇万人を超えると予測されていたが、後に詳述するようにすでに二〇一五年現在で五〇〇〇万人を超えていた。

◎増加する社会問題と減少する行財政

こうした社会的課題が飛躍的に増加していくなかで、人口減少とりわけ生産年齢人口の減少が進み、働く人々が減少し続けている。生産年齢人口は先述したように一九九五年をピークに一貫して減少し続け、二〇一五年には「団塊の世代」と呼ばれる年齢層が一挙に生産年齢人口から抜け出し、全員が高齢者人口に入った。一般的に生産年齢人口が減少し、高齢者人口が増加することは、税収が減り、社会保障関連費が増加することにつながる。一言でいうなら「増加する社会問題と減少する行財政」なのである。

こうした状況の中で経済を好転させ活力ある社会を築くことが求められているのである。そのカギは「人権・福祉立国」にあると考えている。

先に示したフィンランドは堅実に経済が回っている。確かに今日の厳しい欧州経済の影響は受けているが、一人あたりのGDPは一定の範囲をキープしている。つまり日本が人口減少していくなかで人口の少ない国の経済政策から学ぶことが重要なのである。先に「人口減少が経済の足を引っ張り、経済の悪化が人口の減少をさらに加速させるような政策」と述べたのは、経済が悪化すれば多くの人々の収入は落ち込み、結婚して子育てできる賃金が確保できなくなり、さらに結婚率が減少し、未婚率が増加するからである。

ちなみに国立社会保障・人口問題研究所の人口統計資料集の二〇〇五年・未婚率を見れば一目瞭然である。男性未婚率は二五歳～二九歳で七二・四％、三〇歳～三四歳で四七・一％で、女性未婚率は二五歳～二九歳で五九・〇％、三〇歳～三四歳で三二・〇％である。この世代の人口そのものが減少し、未婚率が増加すれば出生率が増えることはない。これらの傾向はさらに深化している。すでに二〇一九年現在で五〇歳までに一度も結婚したことのない生涯未婚率は男性で約二五％になっている。これらは経済政策や労働政策と密接に結びついている。このまま推移すれば日本の人口減少は、予測以上にさらに加速すると考えられる。

◎女性が働きやすい社会システムを

以上のような状況の中で、生産年齢人口が減少しても、事実上その減少を緩やかにすることによって、政策選択の幅を増やすことができ、経済の活性化にもつなげることができる。そのためには生産年齢人口の就業率を増加させることである。とりわけ女性の就業率を上げることが重要なのである。二〇一五年現在、日本の就業率は主要国と比較しても決して低くない。ドイツ七一・二％やイギリス七〇・三％と並ぶ七〇・一％であり、男性の就業率は八〇・〇％と主要国の中で最も高い。しかし女性の就業率は上昇してきたとはいえ、主要国の中で六〇・一％と最も低い。もし女性の就業率がデンマークやスウェーデンのように七〇％以上になれば、女性の就業者は約四〇〇万人増加する。

こうしたことを二〇二五年までに計画的に実現できれば、生産年齢人口が二〇一〇年か二五年までに約九六〇万人減少しても就業者は約三〇〇万人しか減少せず、単年度の就業者の減少は平均二〇万人前後となる。これに高齢者が働きやすいシステムを創れば、就業者の減少はさらに緩やかになる。日本の場合、すでに高齢者とりわけ男性高齢者の就業率は、生産年齢人口の男性就業率と同じように高い。これにプラスして生産年齢人口の女性の就業率が高まれば高齢女性の就業率もさらに高まっていくといえる。現在、国においても働き方改革の取り組みが進行しており、一定の成果を上げている。そうしたことと合わせて非正規雇用の割合を減少させることができるかが大きな課題になっている。とりわけ女性の非正規雇用は二人に一人という高い率になっており、これらを改善することが強く求められている。これらが成功すれば人口減少も予測数値よりは緩やかにすることができる。

しかしこのような状況を創り出していくためには、女性が働きやすい社会システムと働きたいと思うような社会を創造しなければならない。当然のことながらそれは男性も働きやすいシステムであり、出生率の向上にも貢献する。共働きの世帯のほうが子どもの数が多いのはすでに明らかになっている。共働きのほうが経済力があり、それが子育てパワーに結びついているからである。

◎職場復帰しやすい雇用・就業システム

以上を実現するためにも仕事と家庭の両立支援、短時間正社員制度の充実、賃金や職場復帰を含めた職場環境の改善、中途採用機会の拡大等が求められており、一定の取り組みがなされ成果も上げており、さらなる改善も不可能ではない。なぜなら多くの先進主要国ではすでに確立しているからである。先に紹介したデンマークやスウェーデンでは、なぜ女性の就業率が、男性とほぼ同じような七〇%を超える数字になっているのか。それはすでに女性も男性も子育てしやすく職場復帰しやすい雇用・就業システムが成立しているからである。

そうした社会システムの重要な分野が雇用・就業と並ぶ社会福祉の分野なのである。社会福祉が充実していなければ、女性は十分に能力を発揮して働くことができない。子育ての福祉制度が充実していなければ、子育てと社会に出て働くことは両立できない。あるいは高齢者への福祉が充実していなければ、自力して生活できない高齢者への家庭介護に追われて働くこともできない。就業率の向上と福祉の充実は一体なのである。

さらに福祉の充実と経済の活性化を対立的に捉えている人々がいるが、それも大きな誤解である。一つのデータを紹介しておきたい。

◎相対的貧困率はアメリカが最も高い

OECD等のデータを基に神野直彦東京大学名誉教授が作成されたもので、社会保障と経済成長率、貧困率等を比較したデータである。フランス、ドイツ、日本、スウェーデン、イギリス、アメリカの六カ国を比較したものである。その中でドイツ、日本、スウェーデン、アメリカを比較すると実に興味深い傾向がわかる。まず社会保障（公的社会支出のGDP比）を比較するとスウェーデンが最も高く二七・三％でドイツ二五・二％、日本一八・七％、アメリカ一六・二％となっている。一方、二〇〇〇年～二〇一〇年の平均経済成長率はスウェーデンが最も高く二・一九％で、ドイツ一・八九％、アメリカ一・八二％、日本一・五九％となっている。相対的貧困率はアメリカが最も高く一七・一％で、日本一四・九％、ドイツ一一・〇％、スウェーデン五・三％となっている。

これらの数字を見れば福祉の充実と経済の活性化は矛盾せず、福祉の充実が経済に好影響を与えているということがわかる。このデータがすべてを語っているということではないが、少なくとも福祉の充実が国際競争力を弱めたり経済に悪影響を与えるのではないということがわかる。

また雇用のパイを増やすためにも社会的課題を事業化し、それを行政・公共セクターと民間・企業セクター、非営利セクターが協力して解決していくことが求められているのである。すでにマイケル・ポーター教授がＣＳＶ（Creating Shared Value）理論として打ち出し、社会的課題の解決と企業利益、競争力向上を両立させ、社会と企業の両方に価値を生み出す取り組みを紹介している。そうした発想が企業セクターにさらに浸透していけば、人口減少の中でも人権・福祉立国と堅実な経済の両立は実現するといえる。今日の日本政府もそのような政策を一部において実施しようとしている。しかし同時に労働分野において逆行する政策も採用している。

◎経済のグローバル化によって

ところで経済は古今東西を問わず、政治に圧倒的な影響を与える。その逆もまた真なりであるが、経済のグローバル化の中でその様相はかなり変化してきた。

経済のグローバル化によって、一国の金融不安が世界の国々の経済に一瞬のうちに大きな悪影響を与える時代になった。近年の代表例が、二〇〇七年のアメリカ合衆国で起こったサブプライムローン問題であり、二〇〇八年のリーマンショックである。その後の欧州の金融不安も世界経済に大きな影響を与え、その内部の小さな一国の金融不安が世界経済に大きな影響を与えた。こうした危惧は今も続いている。

自国の経済が自国の経済政策だけではコントロールできなくなっている。こうした事実は、一九二九年のアメリカ発世界大恐慌によって、世界が大不況になった事例からもわかるように日本が鎖国を解いた明治から始まっている。しかし今日、その影響は規模とスピードにおいて格段の違いが存在する。こうしたグローバル化した経済によって、国内経済は圧倒的な影響を受け、日本の政治に大きな影響を与えている。逆に日本の政治が自国の経済に与える影響は、経済が政治に与えるほど大きくない。政治が経済に急激な影響力を行使しようとして極端な経済政策を取れば、その反動は必ずやってくる。そうしたことをふまえた経済政策や金融政策、財政政策が求められている。極端な経済政策には大きな副作用が待っていることを忘れてはならない。

◎内需拡大政策が求められている

「アベノミクス」といわれる一連の成長戦略・金融・財政政策はその典型である。日本において経済が活性化するかどうかの基盤は実体経済がよくなるかどうかにかかっている。そのポイントは内需にある。かつて「いざなぎ景気」といわれた一九六五年〜一九七〇年の好景気は、戦後最長といわれ名目賃金も約一・七倍に伸びた。さらに生産年齢人口も増加している時代であり、日本で働く人々の総収入は伸び、総支出も増加した。まさに内需が大きく拡大した時代であった。

一方、あまり知られていない呼称であるが、「いざなみ景気」といわれた二〇〇二年〜二〇〇八年の好景気は、実感なき景気回復と表現されたように内需は拡大しなかった。なぜなら好景気の中でも平均賃金は微減したからである。多くの庶民の生活はよくならず、好景気の果実を受け取ることもできず、格差は一層拡大した。「アベノミクス」が同じ轍《てつ》を踏むことがあってはならない。そのためには日本の少子高齢化にともなう人口減少問題をふまえた内需拡大・

内需堅調政策が求められている。

3　人口変動が社会的基盤に与える影響と人権課題

◎日本経済における最も重要な基盤

繰り返すが人口減少は日本経済における最も重要な基盤である。これから先、生産年齢人口はこれまで以上に減少していく。二〇〇九年の生産年齢人口は人口全体の六三・九％、高齢人口が二二・七％で、高齢者人口一人あたりで生産年齢人口が二・八人いた。

後に詳述するが、これが二〇三〇年には生産年齢人口は五八・五％、高齢者人口は三一・八％ということになる。高齢者人口は約一〇％増え、高齢人口一人に生産年齢人口一・八人となる。二〇三〇年の生産年齢人口五八・五％と高齢者人口三一・八％を合わせると、九〇・三％になり、残りの九・七％が一歳から一四歳の子ども人口で一割をきる。

こうした人口減少は、国立社会保障・人口問題研究所が公表している数字よりさらに悪化し、少子高齢化・人口減少は一層進む可能性もある。

現在、一人の女性が子どもを産む数が少ないといわれているが、それ以上に、子どもを産む中心的な年齢層の二五歳から三五歳の女性がかなり減少している。減少するだけではなく、先述したように独身も非常に増えている。人口が回復する兆しはほとんどない。

◎人口減少は二つの特徴をともなって

また人口減少は二つの特徴をともなって進行している。一つは高齢化であり、もう一つが地方からの人口減少という傾向で、裏を返せば都市人口集中化である。

一つの都道府県において、今後二〇年間で人口が二〇％減少するとすれば、県庁所在地のある地方公共団体と周辺部の地方公共団体とでは格段の違いが生じる。中心的な市においては一〇％以下の人口減少であっても、周辺部の市町村では三〇％以上の人口減少になるところが続出する。それも高齢化が一層進みながらである。こうした事態に根本的なメスを入れずに地方の活性化はあり得ない。それだけではない。地方の衰退は必ず中心部の衰退につながっていく。

例えば四国では、四〇八万人（二〇〇五年）が三一四万人（二〇三五年）になって、さらに高齢化していく。生産年齢人口の比率が一層下がり、行政運営や企業経営に圧倒的な影響を及ぼす。JR四国は今でも経営が厳しいが、人口が三〇年間で一〇〇万人減少すれば、経営がさらに厳しくなる。それはＪＲ四国、ＪＲ北海道だけでなく多くの企業も同様である。

◎あらゆる分野に大きな影響を与える

都市部では人口減少は地方と比較して緩やかであっても高齢化は一層進む。その最も顕著な都市が東京である。二〇〇五年と二〇三五年の予測される高齢者人口の増加率を比べてみると、全国平均は三四・七％であるが、東京は六七・五％の飛躍的な増加になると予想されている。

その他にも多くの分野にマイナスの影響を与える。少子化にともなう教育への影響は、大学をはじめとする教育機関の経営を悪化させる。人口減少と高齢化した地方では病院経営も厳しさを増す。私たちの生活の基盤であるライフラインも水道事業をはじめ大きな影響を受ける。水道事業は二〇四〇年には、二〇一六年現在の需要の半分になると予測されている。半分になるということは、このままの料金体系では事業収入も半分になり、設備の法定耐用年数四〇年が来ても、ランニングコスト（維持費）さえ捻出しにくくなることを意味する。

以上の現実をふまえれば、経済、生活、教育、雇用、医療、福祉などあらゆる分野に大きな影響を与える少子高齢化をともなう人口減少が日本の最優先課題であることが理解できる。しかし先にも述べたように人口減少をくい止めることは事実上不可能である。できることは人口減少スピードを少しでも緩やかにすることであり、先に紹介したように生産年齢人口が減少しても就業者の減少が緩やかになるように就業率、とりわけ女性の就業率をさらに上げることである。

◎人口減少によるさまざまな課題

日本では世界とは逆に、人口が減少していくことによるさまざまな課題が提起されている。その減少も全国一律ではない。地域や年代、年齢構成などによって多様な減少形態を示す。だからこそ人口減少とだけ捉えるのではなく、人口変動と捉えることの重要性を指摘しているのである。

例えば先に紹介した未婚率も人口変動に大きな影響を与える。事実婚で子どもを生むことが少ない日本では、未婚率の高さは特殊出生率に直接的な影響を与える。また二〇一〇年から二〇四〇年に三〇代以下の若年女性人口は五〇％以上減少することが明らかになっている。

年代に焦点を当てれば、単なる人口減少という視点だけでは社会の変化を見誤ることがわかる。団塊世代と呼ばれている人口が集中している世代が、何歳代になったかによって、社会に一定の影響を与えてきた。この世代が二〇二〇年には全員が七〇歳を超える。この世代はバブル経済の絶頂期に四〇歳前後でありゴルフをする人も多い。しかしこの世代が一〇年経てば八〇歳を超える。八〇歳を超えるとゴルフの好きな人も体力的にプレーすることが厳しくなってくる。それはゴルフ人口の減少に直結し、ゴルフ場業界の業績を悪化させる。これはゴルフ場業界だけではない。その他の業界にも大きな影響を与える。この時代から急激に認知症高齢者も増加し、二〇二五年には七〇〇万人に達する。また一人世帯が急激に増加し、二〇四〇年代には全世帯の四〇%になる。こうした一人世帯の増加は社会的課題の増加につながる。

さらに人口減少は地方から進むことによって、人口の落ち込みが激しい市町村では三〇年間で五〇%以上減少し、高齢化も一層進んでいる。それらの地方では人口再生産力も失っている。こうした傾向は新たな社会問題や人権課題を引き起こす。これらも社会問題や人権問題に多大な影響を与える。

4 高齢化にともなって変動する社会的課題と人工知能

◎超高齢化社会は認知症患者が激増する社会

以上のように今後の日本社会は、人口変動によって多大な影響を受けるとともに、先に述べたように科学技術の進歩の影響も大きく受ける。とりわけ科学技術の中でも人工知能（ＡＩ）の進化が、社会に圧倒的な影響を与える。人工知能を制する企業が産業に大きな影響を与え、人工知能を制する国が世界に大きな影響を与えるといっても過言ではない。

また人工知能の進化は脳科学の進歩に負うところが大きい。そして脳科学の進歩は、人口変動にともなう超高齢化社会の動向にも大きな影響を与える。つまり脳科学の進歩が、人口変動と科学技術に計り知れない影響を与えるのである。超高齢化社会は認知症患者が激増する社会でもある。これら認知症患者は脳科学の進歩によって大きく減少する可能性がある。脳科学の進歩は、認知症予防や悪化を防ぐ医療に間違いなく積極的な影響を与える。それは超高齢化社会における医療や介護を大きく変えるだけではなく、脳科学の進歩が人工知能を大きく進化させ、医療や介護用ロボットの姿も大きく変貌させる。日常の産業、教育、生活など社会全体に大きな影響を与え、非日常の戦争にも計り知れない影響を与え、戦争そのものの概念を変えるかもしれない。人工知能が社会の隅々にまで入り込んでいくことは確実である。

◎超高齢化社会を大きく変える技術

ロボットや自動運転車（ロボット自動車）が人工知能を積載することはいうまでもないが、家庭電化製品をはじめあらゆる製品・サービスに人工知能が組み込まれ人工知能搭載冷蔵庫や人工知能搭載洗濯機が普及していくといえる。その一端がスマートフォンやスマート家電に代表される製品・サービス群である。いずれ人工知能を装備した住宅も登場する。私たちがイメージしているロボットのように動くわけではないが、住宅内を賢く管理する人工知能搭載ホームも建設されていく。

こうした技術が超高齢化社会を大きく変え、以下に紹介する未来社会を少しでも明るくすることに貢献する。超高齢化社会に十分な対応ができなければ、高齢者をはじめ多くの人々の人権保障はできない。

二〇一七年においても平均寿命（ほぼ八四歳で女性が八七歳で男性が八一歳）と健康寿命（ほぼ七二歳）の差は、一二歳になっている。健康寿命とは、人の手を借りないで一人で自立した生活を送ることができる期間の寿命である。平均すれば一二年間は人の手を借りなければ生活できない高齢者の現実が存在している。これらの寿命差に認知症は大きく関わっている。ほとんどの認知症患者は人の手を借りなければ生活を送ることができない。認知症患者が人権・安全・環境が確保された状態で生活できるようにすることは、極めて重要な社会的課題であり人権課題でもある。

◎認知症予備軍は約四〇〇万人

人口変動を高齢化の視点で概観すると、その重要性と深刻さは一層顕著である。総人口に占める六五歳以上人口の割合である高齢化率は、団塊世代が七五歳を超える二〇二五年には、三〇・一%（約三六五八万人）になり、後期高齢者が高齢者の六〇%になる。認知症患者は最大七三〇万人になると予測されている。この予測はかなり正確な予測といえる。この予測から七五歳以上の後期高齢者が、全人口の二〇%弱の五人に一人になり、約二二〇〇万になることも指摘されている。世界のどの国も経験したことのない人口構成になるのである。この時代をすべての世代の人権を尊重しつつ、どのように乗り越えていくかが問われているのである。

さらに二〇四〇年には認知症患者は、高齢者の四人に一人に達し、最大九五三万人と予測されている。そして二〇六〇年には、高齢者の三人に一人である一一五四万人が認知症患者になると予測されている。このような状態が現出すれば、現在とは大きく異なった厳しい社会になることは自明のことである。

二〇一五年においても、記憶する・決定する・理由付けする・実行するなどのうち、ひとつの機能に障害がある認知症予備軍（健常者と認知症患者の中間の段階）は約四〇〇万人に達しており、認知症患者とあわせ約九二〇万人になっていた。

◎高齢夫婦だけの世帯は約五五一万世帯

さらに二〇一三年度国民生活基礎調査の概況では、高齢夫婦だけの世帯は、約五五一万世帯で、一人暮らしが五七三万人となっており、両者で約一一二四万世帯になっている。まさに「老老介護」が増加し、「認認介護」が顕在化してくる状況が人口変動から明確になっている。二〇一五年で七〇歳〜七九歳で介護の必要な人を介護している半数は同世代の配偶者をはじめとする人々であった。

また一人世帯の増加によるさまざまな問題も社会問題化してきている。亡くなった後で発見される「孤独死」は、すでに自死の数を優に超えている。「孤独死」の増加は、看過できない多くの問題を引き起こす。一人暮らしで六五歳以上男性の一六・七％は、二週間に一回以下しか会話をしていないことも調査で明らかになっている。実に三〇万人以上の高齢男性が会話していないのである。八七％の一人暮らし高齢女性が毎日会話していることを考えれば大きな開きである。人間関係が豊かな人ほど精神疾患が少ないということを考慮すれば、会話の異常な少なさは大きな問題だと指摘せざるを得ない。

◎財政支出にも大きな影響を与える

以上のような社会的現実は、財政支出にも大きな影響を与える。社会保障に係る医療費・介護費の将来推計では、二〇一五年の医療費三九・九兆円が、二〇二五年には五三・三兆円になり、介護費は一〇・六兆円（二〇一五年）が一九・七兆円（二〇二五年）になると予測されている。トータルでは、五〇・五兆円が七三兆円になる。

これらの増加する財政支出に、減少する生産年齢人口（一五歳〜六四歳）は十分に堪えられない。このような人口変動を考慮した場合、日本社会の今後は、楽観論ではすまされない。

それは高齢化にともなう医療や介護の問題だけではない。先に指摘したように産業や教育、生活などの問題にも多大な影響を与える。例えば建設業界を事例に考えれば、日本建設連合会は二〇一三年時点での就労者を約五〇〇万人と公表している。しかしその三分の一が五五歳以上であった。これらの数字は二〇二五年には一〇〇万人の就業者がいなくなることを示している。介護・医療の人材不足はさらに深刻である。減少する生産年齢人口と増加する医療・介護を必要とする人々のバランスを考えるだけで明白である。これらの厳しい雇用環境に進化したロボットが積極的な役割を果たすことは間違いない。

5 人工知能と人間が共存する社会が求められる

◎脳科学の進化とAI

以上の人口変動にともなう厳しい現実を改善するのに大きく貢献できるのが、序章で解説した脳科学の進歩とそれを基盤とした人工知能の進化である。

近年の脳科学の進歩は画期的なものであり、これまでの定説が大きく覆されている。女性の脳は男性の脳よりも加齢に強く、脳の体積が減少しにくいということもわかってきている。男性は二〇歳代から脳の体積が徐々に減少していくが、女性の脳は加齢に強く五〇歳頃まで男性と比較して減少のスピードが遅いことも明らかになっている。それだけではない。先に紹介したように人間の脳は加齢とともに体積が減少することはあっても、増加することはないと考えられてきた。しかし記憶全体をコントロールする役割を持つ海馬は、有酸素運動をすることによって、体積が増加することも証明されてきている。有酸素運動が脳の栄養素を作り出し、海馬の体積を増加させていることがわかったのである。海馬の体積が増加すると記憶をコントロールする能力が強化され認知機能も高まる。

このような脳科学の進歩は、確実に認知症患者を減少させる。それは多くの高齢者の生活を向上させ、高齢者の人権実現に貢献できる。それは認知症にならないことだけの問題ではない。人間の最も高度な頭脳活動、強いていうなら人間らしい活動の基盤は、脳内の前頭葉という部分に存在している。言葉を話したり、考えたり、行動を制御したり、新しいものを創造するといった営みは、前頭葉でなされている。前頭葉の健康な維持に脳科学の進歩は大きな恩恵をもたらす。

◎神経回路網を工学的に模倣したＡＩ

最新の人工知能は「機械学習」やその最高峰の「ディープラーニング」（深層学習）という学習能力を備え、ビッグデータを分析し、多くのことを学び、ビジネスチャンスを作り出している。インターネット上や現実空間の膨大な情報であるビッグデータを分析し、多くのことを学ぶことを「機械学習」と呼んでいる。人間の脳がやっている学習と同じようなことを機械がやっているのでこのような名称になっている。いまだ人工知能研究の入り口の段階であるが、今後大きく飛躍することが期待されている。自ら学んで進化する人工知能の研究が、日進月歩のスピードで進んでいるからである。

人間の脳内の神経回路網を工学的に模倣した人工知能「ディープ・ニューラルネット」が創られたのは、脳の記憶のコントロールを司《つかさど》る「海馬」研究の成果を生かすことができたからである、過去の経験から何かを学んで、それを未来の行動に反映させる人工知能の開発に結びついているのである。脳科学の成果が人工知能を飛躍させているのである。これらの技術が人口変動にともなう厳しい社会的課題を解決するのに大きく役立っていく。しかし人工知能の進歩が誤った方向に誘導されれば、社会とそれを構成する人間は大きな危険にさらされる。脳が他の機関と最も異なるところは、自ら学んで成長していく能力をもっているところである。その学びが誤った方向に誘導されれば取り返しのつかない災いをもたらす。

脳科学と人工脳ともいうべき人工知能の進歩が未来を決定づけるといっても過言ではない。それは人類に最も大きな不幸をもたらす戦争の姿も大きく変えるかもしれない。

第三章で記しているように二〇一四年五月からジュネーブでロボット兵器の規制を検討する国連会議が開催されている。その会議で人間の判断なしに人間を殺傷するロボット兵器の開発を禁止すべきとする声明が採択された。ロボット爆撃機が人工知能の指令によって、人々を殺傷する時代を迎えようとしているのである。繰り返しになるが、これは生化学者で作家のアイザック・アシモフが提起したロボット三原則にも反する。

◎人工知能と偏見や差別意識

以上のような人工知能が偏見や差別意識、誤った倫理観をもたないように誘導することも極めて重要な課題なのである。

多くの人々は偏見や差別意識、種々の倫理観をもっている。しかしすべての人は生まれた時にはそのような意識や倫理観はもっていない。育つ過程で偏見や差別意識をもつのである。人間の脳は、成育過程で多くの情報に接することによって成長していく。人生の途上で接する情報量は膨大なものである。それら膨大な情報に接することを通して、多くの知識や種々の考え方や意識などを身につけていく。言い換えれば、人生途上の膨大な情報であるビッグデータによって、人間の脳は「成長」していく。その中で差別や偏見にまみれた情報にも接し、私たちの脳も偏見や差別意識を身につける。同様のことは人工知能でも起こり得る可能性がある。

プロ棋士に勝った人工知能の将棋ソフト（棋士ロボット）も、これまでの多くのデータから学んでいる。先に紹介した「機械学習」を通して人工知能はますます進化していくといえる。これらの人工知能が私たちの生活に大きな利便性を与えてくれる反面、使い方を誤れば大きな災いをもたらす。

光が強ければ強いほど影が濃くなるように、画期的な技術であればあるほど災いも大きくなる。その最大の事例がロボット化する兵器ということになる。

◎AIが多くの利便性をもたらす

一方、本書で述べてきたように人工知能が私たちの生活に多くの利便性をもたらす。その代表格の一つが自動運転車（ロボット自動車）である。多くのセンサーと人工知能に支えられたロボット自動車は私たちに多くの利便性を与えてくれる。不足してくる長距離輸送のトラック運転手の代わりに高速道路を運転してくれる自動運転トラックは、長距離輸送の大きな担い手になっていく。

こうした自動運転車には、一種の倫理観も求められる。なぜなら究極の判断を求められるような場面で、人工知能がどのような判断・操作をするのかということは極めて重要なことだからである。人間の判断も倫理観と密接に関わっている。自動車会社のテレビコマーシャルでは、前方の突然の人形出現を瞬時に判断してカーブをきり、その人形を避ける映像が流れ、素晴らしい性能の自動運転車をアピールしている。しかし現実の街で、例えば対向車線から居眠り運転の車が真正面から迫ってきた場合、左側にハンドルを切り、歩道に乗り上げなければならないこともある。その歩道に多くの子どもたちが集団登校の列をなしている場合、人工知能はどのような判断をするのかといった問題は必ず提起される。多くの子どもたちを跳ね飛ばしても左にハンドルを切るのか。それとも別の選択をするのか。生身の人間でもその倫理観によって判断は変わってくる。

◎労働力不足を補うＡＩロボット

また人工知能の役割は、上記のような究極の判断だけではない。いずれ人工知能を搭載したロボットと人間が仕事のパートナーとして働くことも増えていく。そのとき人工知能ロボットと人間の判断が異なった場合、どちらの判断を優先することになるのかという問題も存在する。人間の判断が正しいのか、人工知能の判断が正しいのか、それを誰が判断するのかも極めて難しい問題であり、人工知能が行った判断・選択の責任を誰が取るのかということも明確にしなければならない。

今後、人工知能の役割は飛躍的に増加していく。ビッグデータを分析した上での経営判断、画像解析技術と融合した医療診断など、無数の役割が人工知能に課せられていく。多くの専門職も人工知能に取って代わられる可能性も高い。

医師は個々人の全遺伝情報を暗号化したカルテと症状や画像判断をはじめとするデータ判断によって、より正確な診断を行うために人工知能を活用していくことになる。そうした診断の下に人工知能が複数の治療方針を提示し、その方針を医師が患者に説明し、患者の意向をふまえて治療方針を決定する時代になるかもしれない。現在においてもＩＴ革命やゲノム革命の成果としての知見と機器が専門医の診断や治療を支えている。分野によっては人工知能の棋士のように、人工知能が人間よりも正確な判断を素早く行う時代がきている。

また先述したように人口変動とともに介護・医療の人材不足はさらに深刻になる。減少する生産年齢人口と増加する医療・介護を必要とする人々のバランスを考えるだけで明白である。これらの厳しい雇用環境に進化した人工知能を搭載したロボットは積極的な役割を果たす。これら労働力不足を補う人工知能ロボットは数多く製造されていくことは明白である。

◎深刻な労働力不足を克服するAI

国土交通省の省令で地方自治体に対して、全国に約七〇万本ある長さ二メートル以上の橋梁や約一万本あるトンネルの定期点検を義務化した。それを担える労働者が不足している。それらに対応するためにある大手建設会社は「トンネル老朽化点検ロボット」ともいえるロボットの開発を進め、二〇一七年頃から実用化されている。このロボットは点検すべきトンネルを時速四〇キロで走行し、その内壁をカメラで撮影し、内壁の様子を画像解析するのである。人間が目で見て点検すれば作業員四人で二〇時間かかるところを、三人で一時間で終了させる。延べ労働時間は八〇時間から三時間に減少する。一万本のトンネルの点検であれば、延べ労働時間は八〇万時間から三万時間に短縮される。二〇日間でやり遂げようとすれば、五〇〇〇人から一八八人ですむ。これは深刻な労働力不足を克服するのに大きく役立つ。

以上のようにこれからの社会は、人工知能を搭載したロボットと人間がどのように共存していくのかということが重要な人権課題になっていく。

また人口変動にともなう高齢化をさらに助長するのが、ゲノム革命の進化によるサーチュイン遺伝子（長生き遺伝子）の存在をはじめとした遺伝子医療革命である。今後、IT革命とゲノム革命に進化によって、脳科学や人工知能の進化及び遺伝子医療革命がさらに進めば、高齢者人口の予想を大きく超える可能性がある。そうした変化に対応した人権・環境・安全が守られるような社会システムが求められているのである。

あとがき

本書で紹介してきたように全世界で取り組んできたヒトゲノム解析の時間と費用は、約二〇年前の「一〇年間と三〇〇〇億円」から「数時間と数万円」になった。時間にして一万分の一以下になり、金額にして三〇〇万分の一以下になった。スピードが一万倍になったということは、単純にいえば一万年かかった研究が、一年で達成できることを意味している。現実はそれほど単純ではないが、データ分析が驚くべきスピードでできるようになったということだ。だからこそ本書で紹介してきたビッグデータの収集と分析が可能になり、それらを活用した研究やビジネスが飛躍的に進化しているのである。

これらもコンピュータの進化の結果である。とりわけＩＴ革命の中心的な位置にあるＡＩ（人工知能）の進化は、科学技術の加速度的な進化を支えている。こうした進化が、社会のあらゆる分野を激変させている。

これらが人権分野にも大きな影響を与えている。すでに本書で紹介してきたように人々の差別思想や差別意識、偏見にも悪影響を与え、差別を拡散することにも悪用されている。

差別・偏見を扇動するフェイク情報をＡＩが書き、そのフェイク情報をＡＩがツイッターのアカウントを大量に入手し、特定の差別助長キーワードに基づいて多くの投稿をコピーし自動で拡散していくことも簡単にできるようになった。

これらの情報がネットリテラシーのない多くの人々の差別や偏見を助長することにもなってきた。

一方、ゲノム革命は人権の享有主体である人間そのものを変えてしまう技術をもたらしつつある。さらに日本における人口変動は、社会のあり方や課題を根本的に変えようとしている。こうした変化にともなった社会的課題も、より高度で複雑で重大になってきた。これらの課題を解決する時間的余裕もほとんどない。限られた時間と資源を有効に活用するためにも、本書を通じて積極的な危機意識を読者と共有できれば幸いである。

本書は、（一社）部落解放・人権研究所が発行している月刊誌『ヒューマンライツ』の連載原稿やその他の原稿を整理し大幅に加筆修正を加えたものである。

最後に連載原稿の執筆にあたって、サポートしてくれた部落解放・人権研究所のスタッフをはじめ解放出版社の方々や多くの友人、仲間、そして心身ともに支えてくれた家族の協力によって上梓することができた。心より感謝とお礼を申し上げたい。

二〇一九年六月二七日　早朝の自宅にて

北口末広

北口末広（きたぐち すえひろ）

1956年大阪市生まれ。近畿大学人権問題研究所・主任教授。京都大学大学院修了（法学研究科修士課程）国際法専攻。(一財)アジア・太平洋人権情報センター顧問、(一社)部落解放・人権研究所理事、(一財)おおさか人材雇用開発人権センター副理事長、特定非営利活動法人ニューメディア人権機構理事長、NPO法人多民族共生人権教育センター理事ほか。

著書に『人権相談テキストブック』(共著)、『必携 エセ同和行為にどう対応するか』(共著)、『格差拡大の時代—部落差別をなくすために』(単著)、『ゆがむメディア—政治・人権報道を考える』(単著)、『ガイドブック 部落差別解消推進法』(共著)、『ネット暴発する部落差別—部落差別解消推進法の理念を具体化せよ』(単著)〈いずれも解放出版社〉など多数。

科学技術の進歩と人権

——IT革命・ゲノム革命・人口変動をふまえて

2019年9月15日　初版 第1刷発行

著者　北口末広

発行　株式会社　解放出版社

大阪市港区波除4-1-37　HRCビル3階　〒552-0001

電話 06-6581-8542　FAX 06-6581-8552

東京事務所

東京都文京区本郷1-28-36　鳳明ビル102A　〒113-0033

電話 03-5213-4771　FAX 03-5213-4777

郵便振替 00900-4-75417　HP http://kaihou-s.com/

装幀　鈴木優子

印刷　モリモト印刷株式会社

ISBN 978-4-7592-6789-1　C0036　NDC 360　197P　19cm

定価はカバーに表示しています。落丁・乱丁はお取り換えします。

障害などの理由で印刷媒体による本書のご利用が困難な方へ

本書の内容を、点訳データ、音読データ、拡大写本データなどに複製することを認めます。ただし、営利を目的とする場合はこのかぎりではありません。

また、本書をご購入いただいた方のうち、障害などのために本書を読めない方に、テキストデータを提供いたします。

ご希望の方は、下記のテキストデータ引換券（コピー不可）を同封し、住所、氏名、メールアドレス、電話番号をご記入のうえ、下記までお申し込みください。メールの添付ファイルでテキストデータを送ります。

なお、データはテキストのみで、写真などは含まれません。

第三者への貸与、配信、ネット上での公開などは著作権法で禁止されていますのでご留意をお願いいたします。

あて先：552-0001 大阪市港区波除 4-1-37 HRC ビル 3F 解放出版社
『科学技術の進歩と人権』テキストデータ係

テキストデータ引換券
『科学技術の進歩と人権』
6789